Mémento de droit pharmaceutique à l'usage des pharmaciens

Patrice Blémont

Professeur associé à l'université de Besançon
Inspecteur général de l'administration
de l'Éducation nationale et de la Recherche

Avec la participation de Florence de Saint Martin

Pharmacien général de santé publique

Préface du professeur Marie-Christine Woronoff-Lemsi

ellipses

ISBN 978-2-7298-5415-7
©Ellipses Édition Marketing S.A., 2010
32, rue Bargue 75740 Paris cedex 15

www.editions-ellipses.fr

Préface

Le monde de la pharmacie change en permanence. Il change car la science le fait changer sous la pression d'une recherche souvent fertile. Mais il change aussi car il est un objet de droit. La précision des opérations conduites en pharmacie est grandissante du fait des nouvelles et souvent légitimes exigences des patients vers plus de sécurité et de qualité des produits.

Si bien que le pharmacien, qu'il soit d'officine ou industriel, a vu ses dernières années ses responsabilités décuplées. D'où un impératif de meilleures connaissances des droits et devoirs de chacun. Ce d'autant que les règles de droit qui les enserrent ne sont plus seulement françaises, mais qu'elles sont européennes depuis bien longtemps, et qu'elles deviendront sans doute bientôt mondiales.

De sorte qu'il n'est plus possible de se contenter de suivre la loi de façon lointaine. La nécessité de la mieux connaître avec précision s'impose pour le pharmacien chaque jour un peu plus. Or, ce n'est pas chose facile, tant le droit pharmaceutique, ainsi que l'appellent les juristes, est une mosaïque complexe de toute une palette de branches différentes du droit. Il faut donc pour le comprendre et le restituer une analyse transverse.

C'est tout le mérite de ce petit précis que d'essayer de démêler l'écheveau complexe des règles de droit applicables au métier de pharmacien et à la pharmacie. Il le fait de façon pragmatique, avec le souci d'être exhaustif sans trop ennuyer. Ainsi la relation qui est faite du dernier soubresaut jurisprudentiel devant la Cour européenne de justice sur le système propriétaire des pharmacies instruit autant qu'elle délasse.

Comme il est manifeste que ce précis s'adresse plus aux étudiants en pharmacie ou aux pharmaciens eux-mêmes qu'aux juristes professionnels, il atteint sa cible, et éclaire tantôt avec gravité, tantôt avec malice, un monde qui n'échappe pas plus que les autres à la complexité.

Nul doute que mes collègues, comme moi-même, trouveront plaisir non seulement à le parcourir mais à en faire un instrument de travail auquel, au quotidien, on pourra se référer.

Professeur Marie-Christine Woronoff-Lemsi

UFR de Médecine-Pharmacie
de l'université de Franche-Comté
Doyen de pharmacie
Membre de la commission de Transparence
à la Haute Autorité de santé (HAS)

Introduction

Le droit pharmaceutique est une matière hybride, pour le moins difficile à définir. C'est un droit frontière, à cheval sur de multiples branches du droit qu'il faut sans cesse visiter pour mieux rendre compte des enjeux à éclairer.

En effet, outre la source principale qui se trouve dans le code de la santé publique, le droit pharmaceutique fait appel aussi bien au droit communautaire, au droit public, au droit de la concurrence, au droit privé dans presque toutes ses branches aussi bien commerciale que civile ou que pénale, avec les difficiles questions du droit de la responsabilité qui en découlent.

À cette difficulté s'ajoute une hésitation sur l'étendue même de cette matière.

En effet, le droit pharmaceutique est tout autant le droit régissant une profession, celle de pharmacien et dans toutes ses acceptions ou métiers spécifiques, que celui du produit fabriqué, réparti ou dispensé par les pharmaciens, à savoir le médicament.

Et comme le médicament n'est pas un produit anodin et que ceux qui ont reçu le monopole d'en garantir la fabrication ou de le distribuer n'exercent pas un métier commun, de nombreuses règles l'enserrent. Ces règles s'envisagent, le plus souvent, sous un angle de droit des autorisations afin de mieux garantir la santé publique et la sécurité des malades ; d'où une déontologie renforcée qui légitime l'existence de structures administratives spécifiques propres à la profession.

De là, le droit pharmaceutique devient souvent une construction plus ou moins jurisprudentielle marquée par les contentieux d'installation des pharmacies d'officine, de responsabilité du fait des dommages causés par les produits, ou de contestation des autorisations de mise sur le marché (AMM). Il est aussi une construction institutionnelle dont l'impact d'ailleurs n'est pas négligeable sur le quotidien de la profession et sur l'image qu'elle se fait d'elle-même.

Il s'ensuit le caractère non seulement disparate et assez abscons de ce droit pour les professionnels auxquels la matière est appliquée. Matière d'ailleurs rarement présente dans les facultés de droit en tant que telle, mais le plus souvent reléguée à l'université dans les UFR de pharmacie. Or, ce sont, pour l'essentiel, des non-juristes qui sont tenus de s'y intéresser, que ce soit les étudiants en pharmacie ou encore leurs aînés déjà pharmaciens dans un des métiers de cette discipline.

De surcroît, le caractère réglementaire lié au droit des autorisations d'installation des pharmacies aura longuement marqué le droit pharmaceutique d'une griffe très jurisprudentielle. Griffe qui aura donné d'ailleurs, de la profession de pharmacien, une image assez négative de ligue dédiée à la protection des intérêts de ceux qui sont déjà installés en officine.

D'où ce paradoxe : seul un juriste avec une solide culture générale dans de multiples branches du droit peut s'y retrouver un tant soit peu ; mais avec un public naturel dont la culture juridique sera la plupart du temps très faible. Avec cette dimension supplémentaire que la profession d'avocat aura profondément été impliquée dans le quotidien de ce droit sans que la doctrine y soit impliquée autant qu'il aurait sans doute été souhaitable.

Devant tous ces paradoxes, l'objectif du présent memento n'est pas, même si cette vision serait loin de manquer d'intérêt bien au contraire, d'imiter les juristes professionnels en pénétrant aussi profondément et subtilement que possible les finesses jurisprudentielles ou doctrinales qui feraient les délices des universités de droit.

L'objectif de ce memento est donc plutôt de produire un outil facile d'accès, écrit dans une langue simple, aussi alerte que possible, voire au besoin malicieuse, d'abord à destination des étudiants en pharmacie qui ne sont normalement pas destinés au métier de juriste. Il est aussi destiné aux professionnels de la pharmacie établis et chevronnés dont l'intérêt quotidien est de ne pas méconnaître certaines règles afin d'éviter les pièges usuels des activités pharmaceutiques, pièges auxquels on ne pense pas forcément à toute heure du jour.

L'auteur espère ainsi pouvoir contribuer à diffuser une sorte de culture juridique minimale pour le monde de la pharmacie, un outil certes panoramique mais dont il suppute qu'il pourra utilement servir de « viatique juridique » pour des professionnels qui auront peu le loisir de se consacrer à ces questions.

Ce souci d'aller à l'essentiel sans lasser des non-juristes pourra être source d'approximations qui pourront apparaître comme schématiques pour bien des juristes confirmés. Ce reproche est donc par avance assumé.

CHAPITRE 1

Un peu d'histoire de la pharmacie

La pharmacie remonte à fort loin, aux Sumériens et aux Hittites probablement.

L'ecclésiaste dans la Bible évoque déjà cette distinction : « le médecin fait usage de médecine pour soigner ; le pharmacien fait des mixtures ».

Le terme pharmacie vient de *pharmakon* en grec qui veut dire poison, drogue ou remède. Dans la Grèce antique, Hippocrate nous rappelle dans ses écrits qu'il existait des pharmacopoles. Est-ce les ancêtres de nos pharmacies ?

On respectera la double acception annoncée dans notre introduction en s'attachant à une brève histoire de la pharmacie d'officine (I.) avant de se concentrer sur celle de la pharmacie industrielle qui en fait concerne surtout le produit fabriqué et ensuite dispensé, le médicament (II.).

I. Brève histoire de la pharmacie d'officine

On retrouve trace de cette individualisation de la profession dans un texte ancien grec du VIe siècle l'Olympiadèse où se trouvent mentionnées les professions de pigmentaires chargés d'exécuter l'ordonnance des médecins.

En fait, les éléments sur lesquels on se fonde sont des sources en général isolées et disparates ; on pressent et on imagine plus qu'on ne sait vraiment.

En revanche, chez les Arabes dont chacun connaît l'apport déterminant concernant la médecine, on distingue clairement dès le IXe siècle la profession d'apothicaire et celle de médecin. En arabe, « pharmacien » se dit *sagdana*. On dispose de sources très sûres sur ce sujet ; et même de sources sur la création à Bagdad d'un inspecteur de la pharmacie et d'un tableau légal de produits qui est une des premières esquisses de pharmacopée connue.

A. Des origines à la période moderne

Dans les pays européens et en France, il faut attendre la période médiévale pour avoir un semblant d'organisation avec les apothicaires (du grec *apotheké* qui signifie « réservoir » ; d'où l'on peut déduire que le mot vise au premier chef les récipients qui contenaient les produits).

La plus ancienne pharmacie connue et attestée en France date de 1268 à Strasbourg. Elle n'a d'ailleurs fermé ses portes qu'en juin 2000. Ce qui a provoqué la création d'« apothicaireries » vient de ce que l'université de médecine, dès le XIIIe siècle, proscrit aux médecins de préparer eux-mêmes la « besogne des drogues ». Ces apothicaires se forment alors en autodidacte, sur le tas. Au passage, on note d'emblée que cette séparation n'est pas innocente. Aux médecins le métier noble de diagnostiquer et prescrire ; aux apothicaires celui de préparer la « besogne » des drogues. L'ancêtre du pharmacien moderne est donc relégué au rang de besogne d'exécution, comme un architecte se différencie du maçon.

En France, et la logique ci-dessus énoncée le laissait augurer, l'apothicaire apparaît dans le registre des métiers publié à Paris par Bouleau en 1268.

Le premier texte officiel qui mentionne spécifiquement le métier d'apothicaire est une ordonnance royale de 1322 (Charles IV le Bel) qui les oblige à utiliser des poids et mesures vérifiés. Une deuxième ordonnance royale de 1336 par le roi Philippe VI de Valois donne aux médecins « le contrôle des apothicaires ».

Cette ordonnance de 1336 n'est pas pour rien dans les relations complexes qui se tisseront ensuite entre médecins et pharmaciens.

À cette époque, les apothicaires deviennent un métier régi en corporation, avec ses règles propres d'accès, de travail, de certification. Le corpus de règles restera à peu de chose près en vigueur jusqu'à la révolution de 1789. Devenir pharmacien se faisait comme pour devenir menuisier ou forgeron : on était apprenti et compagnon, puis on passait sa maîtrise avec réalisation d'un chef-d'œuvre ; pour l'apothicaire, on devait réaliser un panel de 5 préparations au CODEX (pharmacopée).

Mais tout ceci différait selon la ville car du fait de ce que l'on a parfois appelé la révolution communaliste du XIIIe siècle, les villes ayant reçu des franchises royales et gouvernées par des échevins échappant en grande partie au droit féodal étaient souvent libres de définir elles-mêmes leurs règles en ce domaine ; sachant que la plupart du temps, le pharmacien se confond avec l'épicier. La profession est celle d'apothicaire – épicier codifiée par moult ordonnances royales ou édits. Le plus important est l'édit de 1484, confirmé en 1514 et 1560. Il est une sorte de charte fondatrice des apothicaires-épiciers de Paris.

Ces faits ne doivent pas troubler car, à cette époque, drogues et épices sont un peu la même chose. Par exemple, on pensait que le poivre avait des vertus soignantes qui feraient sourire aujourd'hui. On peut ainsi lire dans le Thésaurus de la santé de 1607 que le poivre : entretient la santé, conforte l'estomac, fait uriner, guérit les frissons et les morsures de serpents ! De même, on prêtait à la verveine toutes sortes de vertus qui feraient sourire un clinicien de notre temps, comme par exemple de favoriser la suture des plaies.

Plus drôle encore, le chocolat rapporté du Mexique fut longtemps utilisé comme remède. Le médecin Lemerey en 1732 le présente comme « fortifiant l'estomac et la poitrine et calmant la toux ». On lui attribue même des vertus aphrodisiaques.

Et que dire des discours d'alors sur le tabac ? On lui prête ainsi par exemple des propriétés sur les personnes valétudinaires qui feraient frémir les spécialistes de prévention en santé publique et en gériatrie. Il n'est pour s'en convaincre de regarder l'enseigne d'apothicaire du début du XVIIIe siècle conservée au musée Ingres de Montauban sur laquelle on en vante les mérites et sur bien des plans

Bref, l'absence de connaissances scientifiques fiables conduit à ce que les spécificités des produits ne soient pas très tranchées et qu'il soit délicat de dire ce qui relève de la préparation de l'apothicaire ou du bon fournisseur en épicerie. Mais cela reste encore dans les mentalités même aujourd'hui. Quand on veut être particulièrement désagréable avec un pharmacien, on l'assimile à un épicier ; et cela provient probablement de là.

À ce stade retenons ceci : les pharmaciens parviennent à obtenir un semblant d'autonomie professionnelle avec la reconnaissance d'une ordonnance qui va avec ; mais c'est une liberté sous surveillance, celle des médecins puisque tout doit leur être soumis ; et ce sont eux qui prescrivent. Tout ceci donc, répétons-le, à la suite de l'ordonnance royale de 1336.

Sur la subordination au médecin prescripteur de l'apothicaire dans la délivrance du médicament, retenons les termes d'un arrêt du 12 septembre 1598 du Parlement de Paris qui « fait défense à tous empiriques, non approuvés par la faculté de médecine de pratiquer l'art de guérir et à tous apothicaires et épiciers de délivrer aucune drogue sinon sur ordonnance du docteur de leur faculté ».

Rappelons qu'à cette époque, les chirurgiens n'étaient pas des médecins non plus et que l'université de médecine se défiait d'eux, aidée en cela par des autorités religieuses ignorantes et vétilleuses. Et que la confrérie des « arracheurs de dents » se déplaçait de façon foraine sur les foires pour extraire les dents abîmées par les caries. On ne parlait pas de chirurgiens dentistes, moins encore d'odontologistes.

Toutefois, on comprend bien que si l'on prend soin de proscrire aux apothicaires de se rendre au chevet des malades, c'est que précisément, souvent, ils le faisaient. Il y avait très peu de médecins ; et ceux de qualité coûtaient fort cher. C'est pourquoi une déclaration royale de Louis XV le 14 mai 1724 autorise les pharmaciens à le faire dès lors qu'il n'y avait pas de médecin disponible. C'était le bon sens vu les circonstances. On constate donc que la polémique récente sur le diagnostic pharmaceutique n'est pas sans antécédents !

Bref, la confusion entre professionnels du soin pouvait donc exister.

Or, dans le même temps, certains apothicaires, véritables charlatans sans foi ni scrupule, délivraient n'importe quel miracle ou poudre de « perlimpinpin » à des malades qui avaient bien de la chance d'y survivre.

Il fallait donc mettre de l'ordre.

C'est ce que fit la déclaration royale du 25 avril 1777 qui porta règlement « des professions de la pharmacie et de l'épicerie ». Vous le voyez, le pluriel employé ici signe la séparation des deux activités professionnelles, l'épicerie et la pharmacie. Ce texte est clair car il dispose en effet :

« Les apothicaires sont tenus de se renfermer dans la confection, préparation, manipulation et vente des drogues simples et compositions médicinales sans que, sous prétexte des sucres, miels, huiles et autres objets qu'ils emploient ils puissent en exposer en vente. »

Le texte très important donne naissance au « collège de pharmacie ». Il est encore le substitut de règles qui fondent la pharmacie d'officine en France. On ne prendra que 4 exemples :

- celle d'exercer personnellement son art,
- celle de n'avoir qu'une officine,
- celle de respecter le CODEX de la pharmacopée,
- celle de l'interdiction faite aux hôpitaux d'avoir une pharmacie sauf à usage intérieur (PUI).

En effet, cette volonté de clarification en 1777 est venue soutenir celui qui avait mis un peu d'ordre aux médicaments eux-mêmes. Le CODEX de Paris se présente comme une liste de produits ou de préparations que les apothicaires étaient tenus de respecter dans la délivrance et ce depuis 1638. Ceci, on l'a vu, afin de veiller à contrer les charlatans avec leurs remèdes miracles.

Adossé au CODEX, on commence à mettre de l'ordre dans la profession mais aussi dans ce qu'elle diffuse parmi le public : les potions et autres drogues. On ne parle pas encore de médicaments. Mais on pressent bien la nécessité d'une dualité dans les règles : celles qui portent sur les apothicaires eux-mêmes ; et celles qui portent sur les produits qu'ils préparent.

Ce dont on a le plus besoin c'est de professionnaliser et de crédibiliser la pharmacie. Ce d'autant qu'en Prusse, Frédéric Guillaume instaure dès 1725 un diplôme d'état de pharmacien délivré par la faculté. On est très loin de cela en France à cette même date où les préjugés des universités de médecine rendaient impossibles de telles évolutions. Le tournant de la période moderne de la pharmacie en France est contenu dans la loi du 21 germinal an XI (11 avril 1803).

Cette loi du 21 germinal an XI instaure un examen national et officiel pour devenir pharmacien avec deux voies possibles : soit 8 ans d'officine et un jury départemental composé de professionnels de santé validé, soit 3 ans d'officine et 3 ans de cours dans les écoles de pharmacie. Dans ce second cas, on obtenait le titre de pharmacien de 1re classe. Avec un avantage attaché à ce diplôme qui est la liberté de s'établir où bon lui semble au pharmacien diplômé, ceci sur tout le territoire national. On voit bien que cette liberté d'installation à laquelle la profession est très attachée vient de loin. Même si, on le verra, la profession sut provoquer plus tard la limitation de cette liberté pour protéger ses intérêts.

On espérait de cette loi une rationalisation pour lutter contre le « charlatanisme » attaché à l'exercice illégal de la pharmacie et aussi à la multiplication des officines de manière parfaitement anarchique. Or, cet objectif n'est pas atteint. Dès 1819, la profession appelle à une réaction contre un phénomène que la loi de germinal an XI ne sait pas endiguer. De même qu'en dépit du CODEX, rien n'existe pour éviter la sortie de médicaments imaginaires délivrés à un public incrédule, et cela hors de toute déontologie. Faute sans doute de contrôles efficaces et d'instances dédiées pour les prendre en charge.

Cet état de fait durera fort longtemps car il faudra attendre 1926 pour qu'enfin soit institué en France le laboratoire national de contrôle de médicament.

On constate à ce moment-là une anarchie à peine contenue dans la profession et une négligence avérée dans la circulation de médicaments délivrés sans garanties déontologiques.

D'où émergent deux demandes :

- la création d'une instance de régulation pour la profession ;
- des règles plus claires et strictes pour la délivrance des produits.

C'est en partie à cela que répondra l'importante réforme du 11 septembre 1941 promue par le régime de Vichy et validée à la Libération par les deux ordonnances des 5 et 23 mai 1945.

La loi de 1941 inspirée du souci de rétablir les corporations, était en partie liberticide parce qu'elle voulait imposer un contrôle tatillon sur les pharmacies et proscrire l'existence de syndicats. Ce sont ces aspects autoritaires qui seront supprimés par les ordonnances de 1945, lesquelles ont instauré **un ordre des pharmaciens** et non pas la loi de 1941 comme on le dit trop souvent.

Outre l'ordre des pharmaciens chargé d'organiser la déontologie de la profession, le dispositif de 1941 modifié en 1945, instaure un quota d'implantation de pharmacie, fondé sur un critère de population. Les officines sont créées par arrêté préfectoral et contrôlées par l'inspection de la pharmacie. En outre, l'autorité administrative peut de façon discrétionnaire imposer une distance minimale entre officines. Ceci sous le contrôle d'une jurisprudence touffue et vigilante : après plusieurs textes de loi encadrant le maillage territorial des pharmacies on dénombre aujourd'hui environ une pharmacie pour 2 700 habitants en France – 1 pour 3 400 en Europe. Il ne faut pas s'y tromper : cette réglementation est une limitation à la liberté d'installation. Sa contrepartie est le monopole de dispensation des médicaments pour les pharmaciens et un système propriétaire des officines permettant aux pharmaciens d'être à l'abri de tout mouvement de prise de contrôle capitalistique parasite.

Le texte de 1945 différencie aussi ceux des produits que les pharmaciens peuvent dispenser sans ordonnance et ceux pour lesquels elle est obligatoire. Cette distinction existe toujours aujourd'hui.

Autre aspect important, l'obligation d'une autorisation préalable à la mise sur le marché des produits pharmaceutiques et des médicaments. Mais il faudra vraiment la création par la loi du 4 janvier 1993 de l'agence du médicament pour qu'une organisation méthodique et rationnelle soit posée dans notre pays. Cette Agence va se transformer rapidement en AFSSAPS par la loi du 1er juillet 1998 afin, non plus seulement de s'assurer de la sécurité des produits diffusés, mais aussi de mieux intégrer des données différentes et nouvelles comme le service médical rendu par une spécialité pharmaceutique *(Voir chapitre 7, III.)*. Ces créations tardives sont étonnantes quand on mesure la grande antériorité des préoccupations de l'Europe sur ce sujet.

Une dernière main a été donnée à notre dispositif actuel par l'impulsion des règles européennes et notamment les directives du 16 septembre 1985 qui modifie la condition de nationalité nécessaire pour s'installer, puisque les citoyens de l'Union peuvent aussi le faire pour peu qu'ils disposent d'un diplôme de pharmacien délivré par un pays de l'Union ou reconnu équivalent.

B. L'avenir des pharmacies d'officine

La pharmacie d'officine est une profession de santé, une profession commerciale et une profession libérale réglementée. Ce qui a des avantages, comme le monopole de dispensation des médicaments et donc une rente acquise de situation ; mais des inconvénients aussi, car la puissance publique est en droit d'exiger des contreparties à la protection qu'elle offre. Comme par exemple l'organisation de tours de garde de nuit et de fin de semaine pour éviter toute rupture dans la dispensation aux malades.

Cette acception de profession réglementée est de moins en moins prisée par l'idéologie libérale dominante. C'est ainsi que la commission pour la libération de la croissance française mieux connue sous le nom de « commission Attali » a proposé dans son rapport remis au président de la République le 23 janvier 2008 la fin du système propriétaire, la libre circulation du capital permettant de constituer des chaînes de distribution au détail de médicaments comme aux Pays-Bas et la fin du *numerus clausus* des officines qui permet d'en limiter le nombre en fonction de quota de populations !

Une vraie révolution.

Cette idée a été reprise par la commission de l'Union européenne puisqu'une mise en demeure fut déposée (voir *infra*) contre la France pour mettre fin à son système propriétaire et pour permettre la libre circulation du capital. Un contentieux contre l'Italie et l'Allemagne à l'initiative de la Commission et sur les mêmes fondements ou presque s'est dénoué le 19 mai 2009, avec la défaite juridique de la Commission, la CJCE ayant conclu dans ses arrêts qu'il n'est pas contraire au traité qu'un État réserve aux seuls pharmaciens le droit de détenir et d'exploiter les officines.

Mais ce n'est sans doute que partie remise.

Car rien ne permet de démontrer, dès lors qu'un pharmacien responsable est bien présent dans une officine, que la garantie de santé publique pour les malades est intrinsèquement liée au système propriétaire des pharmacies d'officine. Et seule la crise économique qui sévit au moment du délibéré avec les défaillances nettes de régulation économique aussi bien au plan européen que mondial aura permis de nantir une décision dont on aperçoit assez bien les fragilités (voir *infra*).

Mais ces menaces juridiques ne sont presque rien en regard de la diffusion sans cesse croissante de médicaments via des sites internet ou par correspondance. On y obtient très facilement des produits, violant ainsi avec une déconcertante facilité le monopole de dispensation des pharmacies, malgré le risque très important de se voir délivrés des produits de contrefaçon. Les malheurs de la loi dite HADOPI pour entraver le téléchargement illégal de musiques ou de films sur internet à l'été 2009 montrent, s'il en était besoin, l'extrême difficulté de maîtriser certains flux électroniques.

La réponse à ce quasi libre accès des médicaments sur le net, avec notamment certains produits vaso-dilatateurs dont l'intention est assez « ludique » et secourable pour nombre d'individus, a consisté pour les pharmaciens à accepter une nouvelle dispensation, « devant le comptoir » (le texte, le décret n° 2008-641 du 30 juin 2008 parle « d'accès direct ») pour des produits qui ne relèvent pas obligatoirement de la prescription médicale, selon le principe de l'automédication. Ces produits sont actuellement environ 200 et la liste est fixée par l'AFSSAPS. Elle pourrait s'étendre car ce sont les titulaires des autorisations de mise sur le marché (AMM) qui en font la demande.

On perçoit d'évidence l'intention ; sauf que la riposte est bien mièvre en regard des considérables possibilités de contournement offertes par internet.

L'ordre des pharmaciens, très attaché au maintien du statu quo, a produit un plaidoyer pro domo dans un « livre blanc » publié en janvier 2008. Ce plaidoyer n'est pas sans fondement et ne manque pas d'adresse. Car il sera toujours délicat de soutenir que le médicament est un produit comme un autre. Chacun convient que tel n'est pas le cas en regard des impératifs de protection de santé publique. De là à vouloir instaurer plus de souplesse, on en déduit que c'est une affaire de gradation et d'acceptation autant politique que d'opinion publique.

Ce sur quoi il importe d'appeler l'attention est le fait que les pharmaciens, outre leur rôle technique pourrait-on dire de dispensateur du médicament, ont un rôle social et un rôle en matière de santé publique. Ces rôles sont très importants : ils donnent aux pharmaciens, surtout dans les villages de petite taille, des fonctions « notabilitaires » ; ils leur donnent aussi une obligation de conseil, voire d'expertise, pour les malades, fonction qu'il importe de ne pas minorer.

Plus généralement, on appellera aussi l'attention des pharmaciens sur leur engagement en matière de sécurité sanitaire, aussi bien dans la lutte contre la propagation des maladies que dans les cas de iatrogénie médicamenteuse. De tels rôles pourraient-ils être tenus en toute indépendance si les pharmaciens d'officine dépendaient de grands groupes capitalistiques intégrés ? La question mérite d'être posée, à défaut d'y apporter une réponse simple.

II. Brève histoire de la pharmacie industrielle et du médicament

Cette histoire est forcément plus récente, tant elle se confond avec la révolution industrielle qui va traverser l'Europe au XIXe siècle.

Elle est aussi bien plus tardive et donc forcément un peu moins riche de péripéties car, longtemps, les médicaments étaient des préparations magistrales fabriquées au sein des officines ou au sein des établissements de soins médicaux. Ces préparations étaient sans protection de propriété intellectuelle, si bien que leur composition pouvait être copiée. Ces préparations ne faisaient l'objet d'aucune autorisation, ni même de quelque contrôle d'efficacité ou de sécurité des malades que ce soit.

Alors que les inventions industrielles, y compris chimiques, pouvaient faire l'objet de dépôt de brevets pour protéger la propriété intellectuelle des découvertes, rien de tel n'existait pour les médicaments. Il y avait bien une protection de marque déposée, mais cela n'entravait en rien la capacité d'un fabricant habile à reproduire à peu de chose près le même produit sous une marque différente. C'était alors affaire de publicité ou de mode. La vérité est que les pharmaciens d'officine longtemps ont cherché à protéger leur monopole en entravant autant que faire se peut ces développements industriels perçus comme autant de menaces à leur chiffre d'affaire. Ensuite, on considérait aussi que le médicament était affaire de prescription du médecin. Qui fallait-il alors privilégier ? Le médecin prescripteur de la formule ou l'industriel qui prenait le risque financier d'une production ?

Toujours est-il que les médicaments sont de plus en plus fabriqués par l'industrie, et des sociétés importantes naissent au XIXe comme la société Poulenc dans la banlieue parisienne ou encore en 1895 la société chimique des usines du Rhône, lesquelles finiront par donner Rhône Poulenc. Ignorer ces unités, souvent d'ailleurs appelées « laboratoires » ou encore « instituts » (Mérieux ou Pasteur par exemple), relevait de la cécité volontaire et, comme d'aucuns l'auront soutenu, politiquement organisée.

Il faut en fait attendre la loi du 11 septembre 1941 (préc.) pour établir les fondements d'un droit industriel pharmaceutique, reçu d'ailleurs comme un droit dérivé par la profession. Pour la première fois, la loi instaure une protection relative pour la propriété intellectuelle des produits, mais limitée à 6 ans. Elle instaure aussi un visa pour la mise en vente d'une « spécialité pharmaceutique », l'ancêtre des actuelles AMM qui n'apparaissent sous cette dénomination qu'en 1972. Avec cette particularité que le droit pharmaceutique va alors concerner autant le droit des brevets, le droit de la propriété industrielle mais aussi le droit des autorisations, le droit commercial, le droit du produit et sa responsabilité induite.

Le droit des autorisations pour les produits prendra une signification d'autant plus grande qu'une instance destinée à gérer de façon dédiée le médicament sera créée en France, dérivant d'ailleurs ainsi le droit européen ou cherchant à le précéder, c'est selon.

Pour cette brève approche historique, deux points retiendront l'attention : la question des instances spécifiques chargées du médicament et des autorisations de mise de sur le marché (AMM) ; la question de la protection de la propriété industrielle et des marques commerciales liées aux médicaments. Ces points seront développés plus avant dans les développements ultérieurs *infra*.

A. Instances spécifiques et autorisations de mise sur le marché (AMM)

Le droit européen est intrinsèquement mêlé à l'élaboration des procédures et règles dans le domaine du médicament et des produits pharmaceutiques ainsi que des instances chargées de les gérer administrativement.

Ainsi, c'est une directive communautaire que l'on peut presque considérer comme le droit pharmaceutique racine au plan européen, la directive 65/65/CEE du 16 janvier 1965, qui a posé le principe obligatoire d'une autorisation préalable de mise sur le marché des produits pharmaceutiques pour les États membres. Notons que cette notion est plus vaste et plus contraignante que le simple visa en dépit des apparences car elle introduit une notion de contrôle de qualité des produits qui demeure plus forte que jamais aujourd'hui. Cette obligation a été transposée en droit français d'abord par l'ordonnance du 23 septembre 1967 qui instaure l'autorisation de mise sur le marché (AMM) dont l'acronyme subsiste plus que jamais. Le régime précis des AMM ne fut fixé ensuite que par un décret du 21 novembre 1972, la profession pharmaceutique ayant, sous des couverts techniques, cherché à en retarder les effets pour maximiser ses garanties propres. Il est impérieux en effet de se souvenir toujours en ce domaine précis des soubassements industriels impliqués par la matière.

Mais sous la nécessité de renforcer la veille sanitaire suite à certains scandales sanitaires, au premier rang desquels on classera celui resté célèbre sous l'appellation du « sang contaminé » dans les années quatre-vingt, une instance experte et dédiée chargée des médicaments voit le jour par la loi du 4 janvier 1993 : l'Agence française du médicament. Elle précède de peu l'agence européenne d'évaluation du médicament (EMEA : european medecine evaluation agency) instaurée par l'important règlement communautaire 2309/93/CE du 22 juillet 1993, lequel met en place la procédure centralisée d'AMM au plan européen permettant de s'affranchir des procédures des États membres pour diffuser un médicament sur tout ou partie du territoire européen, procédure qui sera transposée en droit français par la loi du 28 mai 1996.

De nouveaux scandales sanitaires vont survenir en France nécessitant un renforcement des normes de sécurité et veille sanitaires. C'est pourquoi l'Agence française du médicament sera remplacée avec des prérogatives nettement renforcées par l'Agence française de sécurité sanitaire des produits de santé (AFSSAPS) via la loi du 1er juillet 1998. Cette création d'Agence va se renforcer par l'édiction en 2001 au sein de l'Union européenne (UE) d'un code communautaire relatif aux médicaments à usage humain (Directive 2001/83/CE du 6 novembre 2001).

Imitant plus ou moins la France et d'autres États membres, l'Union européenne, après une phase approfondie d'évaluation de ses procédures, va réformer son dispositif, notamment par le règlement 726/2004/CE du 31 mars 2004. Ce texte transforme l'EMEA en EMA (agence européenne du médicament) et simplifie les procédures, notamment les reconnaissances mutuelles d'AMM entre États membres. D'autres textes ultérieurs viendront compléter ce nouveau dispositif qui sera développé *infra*, notamment avec la mise en place d'AMM conditionnelles pour certaines maladies où l'espoir de survie doit prévaloir sur la totalité des vérifications offertes par des essais cliniques complets.

Pour la France, c'est la loi portant diverses dispositions du droit européen du 26 février 2007 qui transpose en droit français ce dispositif commun, notamment en ce qui concerne les AMM ; avec cet avantage d'une instance dédiée, l'AFSSAPS, pour s'investir dans le respect de ces règles.

B. Propriété industrielle et protection des marques

Curieusement, en dépit de compositions chimiques pourtant complexes, les préparations pharmaceutiques furent longtemps sans protection en termes de propriété industrielle. Pire même, la loi du 5 juillet 1844 proscrivait la possibilité pour une préparation pharmaceutique d'être brevetable !

On comprend parfaitement l'intention. Sous couvert de santé publique, le gouvernement d'alors voulait surtout complaire à la profession des pharmaciens d'officine qui voyait d'un mauvais œil les balbutiements de l'industrie pharmaceutique naissante susceptible de menacer leurs intérêts.

Ceci posé, seul le produit ne pouvait pas être breveté ; en revanche son procédé de fabrication le pouvait. Façon habile pour le gouvernement en 1844 de ménager tous les intérêts en jeu.

Une telle situation, supportable certes, mais pour le moins incongrue, a néanmoins perduré jusqu'à l'ordonnance du 4 février 1959 qui va instaurer un régime dérogatoire appelé le « brevet spécial de médicament ». Lequel venait donc s'ajouter au brevet de procédé existant depuis 1844. Mais il faut attendre la loi du 2 janvier 1968 pour que les médicaments soient intégrés complètement au régime normal des brevets, avec toutefois quelques spécificités qui, un temps supprimées, furent finalement consacrées ultérieurement par la loi du 25 juin 1990.

Cette loi du 25 juin 1990 a instauré en effet un certificat complémentaire de protection dont le contenu sera analysé *infra*. Retenons à ce stade ceci : ce certificat est une marque assez tangible de ce que, malgré la nette volonté d'intégrer les médicaments dans la sphère du droit commun de la propriété industrielle le médicament ne saurait être un produit banal.

Observons que notre pays a rassemblé les règles qui régissent le droit de la propriété industrielle dans le code de la propriété intellectuelle édicté par la loi du 1er juillet 1992.

Toutefois, ce droit protecteur ne doit pas dissimuler le fait que la contrefaçon en matière de médicaments bat son plein ; et la diffusion de cette contrefaçon progresse facilement grâce aux multiples sites « internet » localisés dans des pays où la préoccupation première n'est certainement pas de la contrebattre.

S'agissant plus spécifiquement de la protection des marques pour le médicament, celle-ci a plus ou moins suivi l'histoire de cette protection dans notre pays dont le droit racine se trouve dans la loi du 23 juin 1857. Il faut attendre la loi du 31 décembre 1964 pour que ce droit soit réformé.

Une protection de marque pour un produit, et donc pour un médicament, est instaurée par le premier dépôt à l'institut national de propriété industrielle (INPI). En clair, c'est le premier qui dépose sa marque qui aura le droit ensuite de la protéger, et d'utiliser au besoin les voies de droit pour ce faire.

Le droit des marques auquel n'échappent pas les médicaments n'est pas seulement un droit national mais il est aussi, non seulement européen, mais mondial. En France, il est codifié par le code de la propriété intellectuelle (*op. cit.*).

Ce droit des marques prend une importance d'autant plus grande que ce que l'on appelle la délivrance devant le comptoir (cf. *supra*) et les questions liées aux médicaments génériques sont venues interroger l'écheveau complexe mis en place jusqu'alors. Il n'y pas en effet au-delà des aspects de santé publique qu'un enjeu industriel, mais aussi un enjeu commercial dans la dispensation du médicament, quelle que soit sa forme.

CHAPITRE 2

Quelques repères juridiques pour mieux comprendre

La suite des développements du présent mémento suppose d'appréhender quelques notions juridiques de base sans lesquelles un lecteur non-juriste sera rapidement débordé.

Malgré certains développements qui suivront et qui seront centrés sur le droit de la responsabilité des pharmaciens, lequel fait pour l'essentiel appel au droit civil commercial et pénal, une partie déterminante des sources du droit pharmaceutique se trouve contenue dans le code de la santé publique. En comprendre le fonctionnement et même le maniement est essentiel pour ne pas perdre le fil (I.). De même, il importe d'avoir quelques notions de base de droit européen, ne serait-ce que pour comprendre comment ce droit et notre droit national s'imbriquent pour « rythmer » la matière (II. A.). On terminera ce chapitre en esquissant les notions de droit jurisprudentiel, lequel marque fortement ou a marqué certaines parties de la matière traitée (II. B.).

I. Le code de la santé publique

Le code de la santé publique (CSP) se rattache à l'œuvre assez monumentale d'ordonnancement et de recueil exhaustif de textes qui régissent tout un champ juridique. II a été édicté dans sa forme actuelle par l'ordonnance du 15 juin 2000. C'est ce code qui contient, parmi bien d'autres matières, l'essentiel des règles de droit public qui régissent le droit pharmaceutique.

À la source d'ailleurs, le droit pharmaceutique a même bénéficié un bref moment d'une codification particulière car il a existé en 1951 un « code de la pharmacie ». Mais la fabrication dans le même moment du code de la santé publique a abouti fort logiquement à une « fusion absorption » du code de la pharmacie dans le nouveau Code de santé publique par le décret du 5 octobre 1953. Le code de la pharmacie a donc disparu pour devenir le livre V du CSP.

À dire le vrai, on n'est jamais exactement certain qu'un champ juridique tel que la santé publique soit totalement couvert par un Code, ne serait-ce que parce certains secteurs se chevauchent, par exemple dans les domaines de la santé animale dont les répercussions sur la santé publique sont majeures. Il suffit de citer la fameuse crise dite de la vache folle, ou encore celle plus récente du H5N1 dite grippe aviaire, pour le comprendre. Quoi qu'il en soit, on peut affirmer que l'essentiel de la santé publique et même au-delà s'y retrouve. S'agissant de la pharmacie, de longues parties du code sont désormais consacrées aussi bien aux activités de cette profession qu'à la profession elle-même.

L'avantage des codes est qu'ils reprennent *in extenso* les règles applicables, alors que les textes de loi ou les textes réglementaires qui les modifient ne changent que des parties de l'existant. C'est pourquoi il est souhaitable d'avoir la curiosité de lire des parties du code, par exemple plutôt celles qui impactent la profession de pharmacien ou bien les médicaments. Mais aussi bien de lire des lois en consultant le *Journal officiel* (*JO*). On aperçoit alors la différence car il est plus facile pour le non-juriste de lire le code que d'aller recomposer avec tous les risques d'erreur la règle par rapport au texte de loi initial.

Avec deux parties essentielles dans ce code : la partie législative, en théorie la plus noble, et la partie réglementaire qui logiquement est une application plus fine et plus pratique de la première.

En fait, cette division entre parties du CSP force à ce stade à faire une rapide incidente de droit pur **pour expliquer la différence entre la loi et le règlement**.

Avertissement : Les développements qui vont suivre sur ces points ont une visée informative pour une population qui ne se destine pas du tout aux questions et aux métiers du droit et qui n'a qu'une culture juridique faible. Il est clair qu'ils sont donc très fortement simplifiés ; et pour l'œil du juriste raffiné, nécessairement simplistes. Ils ne sont donc à apprécier qu'en fonction des objectifs qu'ils s'assignent.

A. Quelques notions juridiques essentielles de droit interne

La loi est le texte qui est voté par le parlement composé des deux chambres parlementaires, l'Assemblée nationale et le sénat. La source principale de la loi se trouve à l'article 34 de la constitution qui délimite l'étendue de la loi. Il existe d'autres sources pour le domaine de la loi dans notre constitution ; mais ces subtilités parfaitement passionnantes pour le juriste concernent moins les pharmaciens.

La loi votée par le parlement est issue :

- soit des projets de loi déposés par le gouvernement et délibérés en conseil des ministres. C'était le plus fréquent car le gouvernement était jusqu'à une date récente seul maître de l'ordre du jour du parlement. Il faisait donc passer ses textes en priorité ;

- soit plus rarement des propositions de loi des députés ou sénateurs eux-mêmes. Mais ceci devrait évoluer depuis la dernière réforme constitutionnelle de 2008 puisque le parlement aura la maîtrise de la moitié de l'ordre du jour.

La loi, une fois définitivement votée par une procédure complexe qui implique les deux Chambres, est promulguée obligatoirement par le président de la République au *Journal officiel* dans un délai de 15 jours au plus. Sauf si, cas rares, il en demande une nouvelle lecture aux chambres comme la constitution (article 10) le lui permet.

La loi est d'application générale et impersonnelle. On dit que nul n'est censé l'ignorer.

Le règlement est un texte qui est pris soit en application de la loi pour en préciser les règles (on parle alors de règlement d'exécution), notamment quand les termes des articles de la loi elle-même l'imposent et renvoient à un texte d'application. Il s'agit le plus souvent de décrets pris en Conseil d'État ou de décrets simples. Ces textes pouvant être complétés par des arrêtés d'application, surtout lorsqu'il s'agit de détailler le droit de façon individuelle.

Pour mémoire, il existe aussi des décrets pris en vertu du pouvoir de réglementation autonome du gouvernement sur le fondement de **l'article 37** de la constitution.

C'est un héritage de la constitution de 1958 qui avait cherché à restreindre le domaine de la loi et donc les prérogatives du Parlement en le délimitant à l'article 34 ; alors que sous la IVe République, régime purement parlementaire, le Parlement avait une conception totalement universelle de la loi et pouvait donc légiférer en tous domaines. Ce qui avait pour effet d'affaiblir le pouvoir exécutif du gouvernement.

Avec l'article 34 de la constitution de 1958, tout ce qui n'est pas délimité dans le domaine de la loi est du domaine du pouvoir réglementaire autonome. Dans les faits, et au fil du temps, le parlement a repris presque tout le terrain laissé, en légiférant sans vergogne dans le domaine qui n'est pas le sien ; sans que le gouvernement ne l'en empêche pour des raisons politiques essentiellement, même s'il dispose des pouvoirs juridiques et techniques de le faire de par la constitution (article 41 en séance sur l'irrecevabilité d'une disposition qui n'est pas du domaine de la loi). Cette négligence n'est qu'apparente car peu dangereuse pour le gouvernement qui peut, via une procédure contenue à l'alinéa 2 de ce même article 37, modifier ensuite le texte après avis du conseil constitutionnel (CC).

Retenons enfin que **le pouvoir réglementaire appartient au Premier ministre** ; et que celui-ci peut le déléguer à des échelons déconcentrés par le biais de délégations de pouvoir exemples : préfets ; recteurs d'académie ; directeurs d'agence régionale d'hospitalisation (ARH) absorbées à compter de 2010 par les agences régionales de la santé (ARS) ; et que par ailleurs ce pouvoir est partagé avec les ministres compétents sur les matières traitées par ces textes via la technique du contreseing obligatoire des ministres.

Ajoutons à cela des textes qui sont souvent utilisés dans le champ sanitaire et qui sont les ordonnances prises en application de **l'article 38** de la constitution.

Héritiers des décrets-lois de la IIIe République, ces textes sont de véritables délégations législatives du parlement pour le gouvernement. Celui-ci fait voter au parlement ce que l'on appelle une loi d'habilitation qui autorise le gouvernement à prendre des ordonnances dans des domaines précis relevant en principe du domaine de la loi et donc des prérogatives du parlement. Le gouvernement ensuite prend les ordonnances après délibération en conseil des ministres. Ces ordonnances sont alors un peu plus que le règlement et un peu moins que la loi. Elles ont un statut d'hybride juridique dans la hiérarchie des normes jusqu'à ce que le Parlement les ratifie par une loi. Auquel cas les règles jusqu'alors édictées dans l'ordonnance deviennent des dispositions de force législative. Jusqu'à cette ratification par le parlement, les ordonnances sont contrôlées et au besoin sanctionnées avec une simple valeur réglementaire par le Conseil d'État, instance judiciaire placée au sommet des juridictions administratives.

Pour illustrer ce propos d'un exemple parlant pour des pharmaciens, l'ordonnance du 4 septembre 2003 prise après une loi d'habilitation et qui réforme, entre autres domaines, les pharmacies à usage intérieur dans les établissements de santé, a été ratifiée par la loi du 9 août 2004, dite loi de santé publique.

Il s'ensuit de tout cela ce que l'on appelle une hiérarchie des normes.

Au sommet se trouvent à la fois la constitution, mais aussi les grands principes du droit naturel, les principes généraux du droit (ce que les juristes appellent le bloc de constitutionnalité). Ensuite viennent les traités internationaux (celui de l'Union européenne par exemple), les lois organiques qui sont des auxiliaires en quelque sorte des textes constitutionnels puis les lois spécialisées (exemple LFSS : loi de financement de la Sécurité sociale). Suivent ensuite les lois simples, les ordonnances de l'article 38, les décrets pris en conseil des Ministres, les décrets pris en Conseil d'État, les décrets simples et les arrêtés. Viennent enfin les circulaires qui n'ont jamais, à peine de nullité, valeur réglementaire et qui, en explicitant de façon précise les règles, sont en quelque sorte les modes d'emploi des textes supérieurs.

> Constitution / principes généraux du droit /
> Déclaration universelle des droits de l'homme
> Traités internationaux
> Lois organiques
> Lois spécialisées et lois simples
> Ordonnances de l'article 38
> Décrets pris en conseil des ministres
> Décrets pris en Conseil d'État
> Décrets simples
> Arrêtés
> **Circulaires**

Pour conclure, on retiendra que c'est le **conseil constitutionnel** (composé de 9 membres inamovibles et indépendants dont le mandat n'est pas renouvelable) qui contrôle la constitutionnalité des lois, c'est-à-dire leur conformité à la règle supérieure qui est notre Constitution. Cette instance juridictionnelle suprême dont les décisions sont insusceptibles de recours pourra être désormais saisie via une voie de droit spéciale (cf. *infra*) par les justiciables particuliers depuis la réforme constitutionnelle de l'automne 2008. Le conseil constitutionnel peut aussi être saisi par le président de la République, le président de l'Assemblée nationale, le président du Sénat ainsi que, depuis 1974, par 60 sénateurs ou 60 députés. Cette dernière possibilité permet donc à l'opposition parlementaire d'intervenir. À noter que pareille instance n'existe que depuis 1958 et qu'auparavant, rien de pouvait contrarier une loi votée par le parlement.

Pour ce qui est du champ réglementaire, c'est le **Conseil d'État** qui en contrôle la conformité à la loi. Mais celui-ci n'est que la tête de réseau et n'est saisi en première instance au contentieux que pour les décisions que schématiquement on désignera comme supérieures. Pour les autres décisions administratives plus subalternes, ce sont les juridictions administratives qui sont saisies (tribunaux administratifs et cours administratives d'appel) ou des juridictions administratives spécialisées. À ce moment-là, le Conseil d'État ne sert que comme juridiction d'appel ou de cassation le cas échéant.

Pour mieux illustrer ce point, un exemple situé dans le métier : un pharmacien du tableau A sanctionné par le conseil régional de l'ordre constitué en chambre de discipline sur des questions de déontologie par l'ordre des pharmaciens peut faire appel auprès du conseil national de l'ordre. S'il est mécontent de la décision en appel rendue par le conseil national, il pourra former un pourvoi « en cassation » auprès du Conseil d'État.

Pour conclure sur ces digressions purement juridiques s'agissant du Conseil d'État et des juridictions administratives, on voudra bien noter la différence entre le **contentieux de la légalité** visant à contester la légalité d'une mesure réglementaire ou d'une décision individuelle par rapport à la règle supérieure (la loi) de ce que l'on appelle le « **plein contentieux** » qui existe aussi en droit administratif ; mais ce dernier est alors un contentieux de la réparation du dommage qui a fait grief à un particulier ou à un groupe de particuliers.

Le lecteur pourrait être tenté de conclure de ces développements qu'il existerait dans le code de la santé publique des « mesures nobles », forcément prises par la loi, et des « mesures subalternes » nécessairement prises par décret ou arrêté.

Or, il n'en est rien, bien au contraire.

En effet, certaines mesures importantes, voire décisives, du code de la santé publique (CSP) sont contenues précisément dans la partie réglementaire. En effet, souvent les articles de loi posent un principe et laissent explicitement le soin à un décret alors pris obligatoirement soit en conseil des ministres soit en Conseil d'État le pouvoir d'arrêter le dispositif précis qui s'appliquera.

En fait, bien souvent et comme l'affirme un adage populaire, « le diable se cache dans les détails ». Et la santé publique est une matière très évolutive et très mouvante. Dès lors, modifier les choses en ce domaine – et il faut le faire très souvent – est tout de même plus simple seulement par décret que par la loi dont la procédure est très complexe.

Dès lors, s'agissant du code de la santé publique, l'intérêt sera évidemment de connaître l'essentiel sans trop se soucier de ce qui est de niveau législatif ou réglementaire. Ce qui comptera, c'est ce qui s'applique et rythmera le quotidien du métier de pharmacien, quelle que soit la branche de la pharmacie où vous serez employé.

Afin de donner une idée toutefois, examinons succinctement le contenu global du CSP avant de se centrer plus particulièrement sur certains des passages qui traitent spécifiquement de la pharmacie.

B. Le contenu du code de la santé publique de façon générale

La très volumineuse partie législative du CSP comprend 6 parties qui sont :

- protection générale de la santé ;
- santé de la famille, de la mère et de l'enfant ;
- lutte contre les maladies et les dépendances ;
- professions de santé (et en particulier le livre II consacré aux pharmaciens) ;
- produits de santé (et en particulier le livre I qui porte sur les médicaments et les produits de santé à usage humain) ;
- établissements et services de santé.

Pour distinguer sans ambiguïté que l'on se trouve dans la partie législative du code, retenons que dans ce cas précis, tous les articles commencent par un L (pour législative). S'agissant de la partie réglementaire, ils commencent tous par un R (R pour réglementaire).

Pour illustrer d'un exemple, citons *in extenso* quelques-uns des premiers articles du livre 1 :

L.1110-1 (loi n° 2002-303 du 4 mars 2002) :

« Le droit fondamental à la protection de la santé doit être mis en œuvre par tous moyens disponibles au bénéfice de toute personne. Les professionnels, les établissements et réseaux de santé, les organismes d'assurance-maladie ou tous les autres organismes participant à la prévention et aux soins, et les autorités sanitaires contribuent avec les usagers, à développer la prévention, à garantir l'égal accès de chaque personne aux soins nécessités par son état de santé et assurer la continuité des soins et la meilleure sécurité sanitaire possible. »

L. 1110-2 (loi *idem*) :

« La personne malade a droit au respect de sa dignité. »

L. 1110-3 (loi *idem*) :

« Aucune personne ne peut faire l'objet de discriminations dans l'accès aux soins. »

L.1110-8 (loi idem) :

« Le droit du malade au libre choix de son praticien et de son établissement de santé est un principe fondamental de la législation sanitaire… »

Mais centrons-nous sur la profession de pharmacien, et citons ainsi une partie de deux articles d'un autre titre, le titre 4 (livre 1), consacré aux professionnels de santé et donc aux pharmaciens aussi :

Article L. 4211-1 (ordonnance n° 2001-198 du 1er mars 2001) :

« Sont réservés aux pharmaciens, sauf les dérogations prévues aux articles du présent code :

1. *La préparation des médicaments destinés à l'usage de la médecine humaine ;*

   [...]

6. *La vente en gros, la vente au détail et toute dispensation au public des médicaments, produits et objets mentionnés aux 1, 2 et 3.*

   [...]

8. *La vente au détail et toute dispensation de dispositifs médicaux de diagnostic in vitro destinés à être utilisés par le public. »*

Article L. 4221-1 (ordonnance n° 2000-548 du 15 juin 2000) :

« Nul ne peut exercer la profession de pharmacien s'il n'offre toutes les garanties de moralité professionnelle et s'il ne réunit les conditions suivantes :

1. *Être titulaire du diplôme, certificat ou autre titre définis aux articles L.4221-2 à L. 4221-8.*
2. *Être de nationalité française, citoyen andorran, ressortissant d'un état membre de l'Union européenne, ou partie à l'accord de l'espace économique européen, ou ressortissant d'un pays dans lequel les français peuvent exercer la pharmacie lorsqu'ils sont titulaires du diplôme qui en ouvre l'exercice aux nationaux de ce pays*
3. *Être inscrit à l'ordre des pharmaciens. »*

Citons également la définition du médicament telle qu'elle se trouve au titre V de ce code à l'alinéa premier du premier article de ce titre :

L. 5111-1 (ordonnance n° 2000-548 du 15 juin 2000 et loi du 26 février 2007) :

« On entend par médicament toute substance ou composition présentée comme possédant des propriétés curatives ou préventives à l'égard des maladies humaines ou animales, ainsi que toute substance ou composition pouvant être utilisée chez l'homme ou chez l'animal, ou pouvant leur être administrée, en vue d'établir un diagnostic médical ou de restaurer, corriger ou modifier leurs fonctions physiologiques en exerçant une action pharmacologique immunologique ou métabolique… »

On retrouvera cette définition *infra* dans les développements consacrés au médicament.

De la même façon, il paraît à ce stade utile de souligner un aspect majeur du métier de pharmacien qui est la connaissance de la pharmacopée. Elle se définit ainsi qu'il suit :

L. 5112-1 (ordonnance n° 2000-548 du 15 juin 2000) :

« La pharmacopée comprend les textes de la pharmacopée européenne et ceux de la pharmacopée française. Elle est préparée, rendue obligatoire et publiée dans des conditions fixées par décret en Conseil d'État. »

Vous avez ici une parfaite illustration de l'introduction juridique. Comme vous la lisez, cette définition législative renvoie à un texte réglementaire le soin de lister avec précision ce qui se trouve dans la pharmacopée. Heureusement d'ailleurs, car la matière est trop évolutive. Ce texte réglementaire existe, et il se trouve dans la partie réglementaire du code et dont on retrace les premiers alinéas :

R. 5112-1 (décret n° 2004-802 du 29 juillet 2004) :

« La pharmacopée mentionnée à l'article L. 5112-1 est un recueil comprenant :

1. *La nomenclature des drogues des médicaments simples et composés, des articles officinaux ;*

2. *Une liste des dénominations communes des médicaments ;*
3. *Les tableaux de posologie maximale et usuelle des médicaments*

[...]. »

La partie réglementaire est soit une pure application comme dans l'exemple donné sur la pharmacopée ; soit il s'agit de textes autonomes issus de l'article 37 comme indiqué *supra*.

À ce sujet, on pourra parfois lire dans la partie réglementaire des anciens articles législatifs du code rebaptisé en texte réglementaire avec un R pour les commencer donc. On pourra de prime abord en être surpris du fait de la hiérarchie des normes juridiques, la loi est supérieure au règlement. Donc comment se peut-il qu'un texte inférieur en corrige un qui soit supérieur ? Cela s'explique par l'alinéa 2 de l'article 37 de la constitution qui permet de « délégaliser » après consultation du conseil constitutionnel et du Conseil d'État des dispositions législatives que le parlement avait voté dans le domaine du règlement et que le gouvernement, pour des raisons d'opportunité politique, ne souhaitait pas entraver. On le fait alors plus discrètement, loin de l'effet de tribune, mais de façon parfaitement régulière et contrôlée néanmoins par le conseil constitutionnel.

Il existe 8 parties dans le code partie réglementaire. Mais cette répartition n'a rien d'intangible :

- protection générale de la santé publique ;
- action sanitaire et médico-sociale en faveur de la famille de l'enfance et de la jeunesse ;
- protection des personnes qui se prêtent à des recherches biomédicales ;
- lutte contre les fléaux sociaux ;
- pharmacie et dispositifs médicaux (on va y revenir) ;

- don et utilisation des éléments et produits du corps humain ;
- établissements de santé, thermoclimatisme, laboratoires et centre de santé ;
- institutions.

C. Les dispositions du code plus proprement dédiées à la pharmacie

L'informatique vient à propos pour aider à mieux saisir l'étendue des règles qui régissent le métier de pharmacien. Le site internet « Légifrance » d'accès totalement gratuit permet de réaliser parfaitement l'étendue de la matière. Naturellement, il ne distingue pas par catégories juridiques mais par thématiques, ce qui est d'un abord bien moins aride pour un non-juriste. Ceci posé, c'est évidemment moins précis.

Le thème qui sera le plus utile est le thème générique « pharmacie » qui comprend les règles sur l'internat de pharmacie, les conditions générales d'exercice de la profession, celles sur l'ordre des pharmaciens ; la responsabilité pénale des pharmaciens dans leur exercice ; la publicité pour les médicaments ; les règles sur les autorisations et les agréments de prix des médicaments…

Je signale aussi les dispositions concernant les pharmacies à usage intérieur (PUI) et qui feront l'objet d'un développement ultérieur *infra*. Mais aussi pour nombre d'entre vous, la partie Pharmacie d'officine.

Insistons sur le contenu du livre 5 de la partie réglementaire intégralement consacré à la pharmacie sous tous ses aspects. Sont définis dans cette partie :

- les conditions générales d'exercice de la pharmacie ;

- les règles s'appliquant à l'ordre national des pharmaciens ;
- la réglementation de la publicité pour les médicaments,
- l'inspection de la pharmacie ;
- les conditions spécifiques d'exercice en officine ;
- les pharmacies à usage intérieur (PUI) ;
- les règles liées à la fabrication, l'exploitation, l'importation, l'exportation, la distribution en gros des médicaments et autres produits pharmaceutiques à usage humain ;
- la pharmacovigilance ;
- la pharmacie vétérinaire ;
- l'agrément des spécialités pharmaceutiques ;
- les substances vénéneuses ;
- les substances à radioéléments artificiels ;
- les différentes catégories de produits et leurs règles propres (exemple : médicaments antivénériens, anticonceptionnels et abortifs).

Ensuite, un livre 5 bis est plus spécifiquement consacrés aux dispositifs médicaux à fin de diagnostic de prévention et contrôle, de traitement ou d'atténuation des maladies.

Pour conclure ce développement, deux choses.

La première, faire observer que le droit applicable au champ de la profession de pharmacien concerne autant les hommes que les produits. Il ne suffit pas d'avoir des pharmaciens ; il faut aussi des produits dignes de mériter le titre de médicaments et ce n'est pas toujours le cas, hélas.

La seconde, en appelant votre attention sur deux institutions définies dans le CSP.

Tout d'abord **l'Agence française de sécurité sanitaire des produits de santé (AFSSAPS)**. Cette agence est l'institution qui désormais est compétente pour l'autorisation de mise sur le marché des médicaments et qui est chargée de l'édition de la pharmacopée. On y reviendra longuement dans un développement ultérieur.

Ensuite, vous indiquer l'existence de la **Haute Autorité de santé**, autorité administrative indépendante depuis 2004 (HAS) et qui désormais a compétence pour examiner le service médical rendu (SMR) d'un médicament déjà pourvu d'une autorisation de mise sur le marché (AMM). Avec pour conséquence un déremboursement pur et simple en cas de résultat médiocre. On y reviendra également dans les développements *infra*.

II. Les autres données juridiques pour mieux appréhender le droit pharmaceutique

Ce bref paragraphe pour appeler l'attention sur le fait que le droit pharmaceutique est aussi, voire parfois surtout, une pure construction européenne. On a cité *supra* à bon droit l'importante directive de 1965, « droit racine » de la matière (D. 65/65/CEE). En réalité, le droit pharmaceutique est un des plus vieux droits européens.

Il est aussi parfois ce que l'on appelle une construction jurisprudentielle et on expliquera *infra* brièvement ce dont il s'agit.

A. Le droit pharmaceutique est d'inspiration européenne

Le lecteur aura déjà observé que l'on cite aussi bien des **règlements** européens que des **directives** européennes, dans le domaine des activités pharmaceutiques comme dans bien d'autres d'ailleurs.

De quoi s'agit-il ?

Le **règlement européen** est un texte préparé par la Commission européenne et le Conseil européen et voté par le parlement européen qui est **d'applicabilité directe dans le droit interne des États**. Cela veut dire que les États n'ont aucune démarche à entreprendre pour que ces règles s'appliquent – les juristes disent « *erga omnes* » c'est-à-dire en toute plénitude. C'est d'une certaine façon une marque fédéraliste de l'Union européenne et sans doute aussi une esquisse de ce que sera la future confédération ou fédération européenne qui, sous le poids des nécessités et des faits, ne pourra que survenir un jour. Par exemple, on a cité au chapitre 1 le règlement 726/2004/CE du 31 mars 2004 transformant l'EMEA en EMA (Agence européenne du médicament).

La **directive européenne** est un texte préparé par la Commission européenne et le Conseil européen et voté par le Parlement européen qui nécessite d'être transposé en droit interne. Ce qui signifie que les **États membres doivent « transposer » le droit européen en droit interne et donc faire une démarche en fonction de la hiérarchie de leur droit interne**. Ainsi, certaines mesures seront transposées par la loi, d'autres par le règlement. Que l'on ne s'y trompe pas, cette source est fondamentale pour le droit pharmaceutique, mais pas seulement. Il n'est pas rare qu'un conseil des ministres du gouvernement français n'examine pas moins de la moitié de textes qui ne sont que pure transposition en droit interne dans un seul ordre du jour. Nous sommes devenus un État fédéral subreptice mais résumons ce point de vue en observant que d'aucuns ont toujours besoin de croire que seules les nations décident.

Ces termes ont de quoi désorienter car on observera à bon droit que ce qui est appelé « règlement » est finalement le texte le plus élevé dans la hiérarchie des normes européennes et qu'il a, d'une certaine façon, « force de loi ». Les directives quant à elles nécessitent une loi de transposition en droit interne pour acquérir la même force. La différence entre les deux textes, règlement et directives est que l'État membre, via une transposition de directive, peut adapter les normes nouvelles édictées aux siennes propres, pourvu que l'objectif de la directive soit atteint. On laisse ainsi à l'État membre le choix des armes juridiques pour atteindre le but recherché.

Ainsi, il est peu de domaines du droit pharmaceutique dans lesquels le droit européen ne sera pas intervenu d'une façon ou d'une autre. Les dernières grandes modifications en matière de droit pharmaceutique, sur le médicament par exemple via la loi du 26 février 2007, ne sont que de pures transpositions de directives européennes. Mais au-delà même, les règles de droit international interviennent également dans un sens beaucoup plus large, par exemple dans le droit des brevets pour la protection des spécialités pharmaceutiques ou encore pour celle des marques.

Et plus encore, la mise au point d'une procédure centralisée d'AMM mondiale (cf. *infra*) pourra étendre cette emprise au-delà de ce qu'elle est aujourd'hui.

B. Le droit pharmaceutique est une construction jurisprudentielle

Du fait des nombreuses branches du droit impliquées par les activités pharmaceutiques, le droit pharmaceutique est influencé par les différents litiges que son application suscite et qui se terminent devant le juge.

Le juge fait appliquer et dit le droit.

Le juge national est au premier chef impliqué. Et ceci dans tous les ordres de juridiction possibles. Ainsi, la Cour de cassation sera conduite à se prononcer tout aussi bien que le Conseil d'État. Ceci s'explique par le fait que notre pays dispose de deux ordres de juridiction l'un civil avec la Cour de cassation à sa tête, et l'autre administratif avec le Conseil d'État placé au sommet de cet écheveau. En cas de conflit entre les deux ordres, c'est une juridiction spéciale, le tribunal des conflits qui tranche et dit qui est compétent pour juger le litige qui suscite des difficultés d'attribution.

Et de la même façon, le juge européen intervient puisque nous venons de souligner dans notre développement précédent les sources européennes du droit pharmaceutique. Lorsque le juge européen intervient, il peut être amené à se prononcer de deux façons :

- soit par le biais de ce que l'on appelle en droit « **une question préjudicielle** ». Au cours d'un procès, l'une des parties soulève un moyen de droit qui concerne une interprétation du droit européen. Auquel cas, le juge du litige est libre, s'il en éprouve le besoin, de rédiger une question préjudicielle qu'il va envoyer à la cour de justice des communautés européennes (CJCE). Le juge national, insistons sur ce point, est libre de ne pas le faire. En effet, il ne s'agirait pas que la question préjudicielle soit un moyen de droit dilatoire ou de confusion dans une instance. On ne la pose que si une réelle hésitation d'interprétation de la règle survient. Si une telle question est soulevée devant la Cour de cassation ou le Conseil d'État, ces instances sont tenues de saisir la CJCE ;
- soit par le biais d'un « **recours en manquement** » exercé par la Commission européenne contre un ou plusieurs États membres de l'Union européenne. Il s'agit pour la commission de faire respecter le droit européen par les États membres. On verra dans les développements ultérieurs du présent ouvrage que notre pays a été l'objet encore récemment des « assiduités » de la Commission

s'agissant du système propriétaire des pharmacies d'officine. Dans cette procédure, la commission commence par émettre ce que l'on appelle un « **avis motivé** » vis-à-vis d'un État ou de plusieurs qui seraient, selon elle, contrevenant au droit européen applicable. L'État membre est conduit à présenter ses observations. Si ces dernières n'emportent pas la conviction de la Commission, la CJCE peut alors être saisie par la Commission d'un recours en manquement. Si la CJCE suit la Commission dans son raisonnement, l'État membre peut être **mis en demeure** de rectifier sa position et se voit appliquer le cas échéant de lourdes pénalités financières.

Quelle que soit la juridiction saisie, le droit pharmaceutique comme les autres branches du droit est influencé par les jugements rendus en ce qu'ils établissent une **force de précédent**. Quand un juge a fait l'effort d'une construction juridique raisonnée, complexe voire subtile, il sera délicat dans un litige ultérieur de bousculer cette force du précédent, aussi habiles que soient les moyens juridiques invoqués par le plaideur. Certes, aucun litige n'est identique à un autre, mais enfin beaucoup se ressemblent. Si bien que la jurisprudence antérieure ne pourra pas manquer de jouer un rôle déterminant dans la solution apportée au conflit considéré.

Cela ne signifie nullement que les jugements et les juges figent le droit. Des revirements jurisprudentiels existent et il en survient chaque année. Mais enfin, pas autant que plaider deviendrait une affaire aléatoire et de pure chance !

Enfin, s'agissant d'un droit comme un autre, il peut parfaitement survenir qu'une question de droit pharmaceutique conduise à la cour européenne des droits de l'homme. De même, s'agissant de droit de la concurrence, on peut tout autant signaler la possibilité d'un conflit ouvert devant l'OMC, organisation mondiale du commerce (ex-GATT).

Chapitre 3

Les pharmaciens

Le pharmacien est un professionnel de santé qui est dédié à la préparation et à la dispensation des médicaments. D'abord très soumis au corps médical, on a vu dans notre brève historique que cette profession a su en grande partie obtenir des conditions d'autonomie juridique fortes et un gain appréciable en termes d'intervention dans la chaîne du soin aux malades. C'est la raison pour laquelle cette profession est fortement réglementée, à l'image de tous les professionnels du soin.

I. La profession de pharmacien

A. Les conditions pour devenir pharmacien

Pour devenir pharmacien dans notre pays, il faut satisfaire à 3 conditions :

- En premier lieu, **il faut être de nationalité française ou membre d'un des États partie à l'Union européenne ou membre d'un État ayant un accord de réciprocité avec le France**. Ceci n'empêche nullement les personnes qui ne sont pas comprises dans ces catégories précitées à solliciter une autorisation d'exercice de la pharmacie auprès du ministère de la santé. Celle-ci peut être obtenue auprès du ministère de la Santé après avis du conseil supérieur de la pharmacie. Ceci posé, celui-ci a une politique très malthusienne et très protectrice. Il en va de même des pharmaciens-biologistes qui peuvent obtenir une autorisation d'exercice pour diriger un laboratoire après avis du conseil supérieur de la biologie médicale. Lequel est encore plus malthusien que le premier. Ces deux instances subissant de plein fouet les effets non maîtrisés des numerus clausus trop drastiquement appliqués dans les professions de soins avec une pression forte pour intégrer par nécessité des professionnels dont les diplômes sont originaires d'universités hors périmètre de l'Union européenne.

- En second lieu, **l'exercice de la profession est soumis à l'obtention d'un diplôme** soit en 6 années pour les pharmaciens d'officine, soit en 9 années pour ceux qui passent le concours de l'internat en pharmacie. Comme nul d'entre vous ne l'ignore, l'accès à ces études est soumis à des conditions de numerus clausus organisé par un concours drastique à l'entrée de la deuxième année. À la fin du cursus de formation, dans tous les cas, le pharmacien doit rédiger et faire évaluer par un jury une thèse universitaire de pharmacie, formalité obligatoire qui conditionne la délivrance d'un diplôme d'État de docteur en pharmacie avec le cas échéant une mention de spécialité.
- Enfin, et nous allons y revenir aussi dans nos développements ultérieurs au chapitre 4, outre des conditions de moralité, les pharmaciens ayant satisfait aux deux premières conditions et exerçant leur art en France doivent être obligatoirement inscrits à une des sections de **l'Ordre national des pharmaciens** qui structure la profession (article L.4231-1 du CSP).

B. Les différents métiers de pharmaciens

La pharmacie, du fait de la complexité des paramètres qui la composent, est divisée en plusieurs métiers, et plusieurs formes d'exercice. Il est d'ailleurs parfois délicat de différencier métiers et exercices tant certains exercices peuvent apparaître consubstantiels de certains métiers.

On repère aussi plus facilement les catégories grâce aux 7 sections de l'ordre des pharmaciens auxquels ils se rattachent lors de leur inscription à l'Ordre. Mais on notera que l'une des sections regroupe tous les pharmaciens sans différenciation d'activité du seul fait d'exercer en outre-mer. Il s'agit de la section E pour les pharmaciens exerçant en outre-mer.

Si bien que l'on doit utiliser une combinaison plus large pour mieux classer les pharmaciens en utilisant exercice, catégorie juridique et sections de l'Ordre.

- Le **métier de pharmacien d'officine** est évidemment le plus connu, le plus visité et étudié aussi par le droit, quelle qu'en soit l'acception. Ces pharmaciens sont inscrits à la section A de l'ordre des pharmaciens s'ils sont soit titulaires soit associés dans une société professionnelle porteuse de l'autorisation d'officine. En revanche, les pharmaciens salariés exerçant en officine sont inscrits à la section D « pharmaciens salariés ».
- Les métiers de **pharmaciens industriels** titulaires d'une licence (exploitant, fabricants, importateur) qui, rappelons-le, assurent 95 % de la production des médicaments dispensés. On est alors dans le domaine des établissements pharmaceutiques que la loi différencie clairement des officines *(par exemple, un pharmacien disposant d'une licence d'exploitant ne peut pas légalement disposer dans le même temps d'une autorisation d'exploiter une officine)*. Ces pharmaciens sont rattachés à la section B du conseil de l'Ordre s'ils ont le statut au sein de l'entreprise de « pharmacien

responsable » ou même désormais s'ils exercent comme pharmacien adjoint (CSP L.4232-1).

- Le métier de **pharmacien de la distribution en gros** qui comprend principalement **les répartiteurs, les dépositaires et les exportateurs en gros**. Ce métier est indispensable à la pharmacie d'officine et sert d'intermédiaire entre les producteurs de médicaments et ceux qui les dispensent. Sachant que ces derniers, pharmaciens d'officine pour l'essentiel, ont interdiction légale de délivrer les médicaments en grande quantité et donc d'agir comme des répartiteurs. Il faut faire ici une analogie avec les autres chaînes de distribution de produits industriels pour comprendre les rôles respectifs de chacun, notamment ceux des rôles transverses comme celui-ci indispensable à la distribution. Ces pharmaciens, assez peu nombreux d'ailleurs, constituent la section C de l'ordre des pharmaciens. Pour des raisons administratives, les pharmaciens exportateurs de médicaments sont rattachés dans cette section.
- Le **métier de biologiste** qui dispose à lui seul d'une section à l'Ordre, la section G qui regroupe les biologistes exerçant à la fois en public et en privé. Rappelons que l'accès à ce métier n'est pas uniquement issu de la voie internat en pharmacie puisque des biologistes sont recrutés aussi à partir de l'internat en médecine.
- Le **métier de pharmacien hospitalier** qui est une spécialité de l'internat prend un essor de plus en plus important ces dernières années. C'est un exercice très fortement féminisé à plus de 75 %. Les pharmaciens hospitaliers constituent depuis la loi du 9 août 2004 la nouvelle section H du conseil de l'ordre issue des dernières élections de l'automne 2005 à l'Ordre. Ces pharmaciens exercent principalement dans les pharmacies à usage intérieur (PUI) des établissements de soins. Nous aurons l'occasion de revenir dans une autre partie de notre cours sur le rôle

central de ces professionnels lorsque nous aborderons les questions liées à la iatrogénie médicamenteuse, au circuit du médicament dans les établissements de soins, aux infections nosocomiales et aux CLIN (comité de lutte contre les infections nosocomiales).

Il existait au 1er janvier 2009, selon les derniers chiffres fournis par le conseil national de l'ordre des pharmaciens 74 091 pharmaciens inscrits dont 72 716 en activité dans notre pays, tous types d'exercice confondus. L'écart entre ces deux chiffres s'explique par les questions d'exercice multiple qui peuvent légitimer plusieurs inscriptions pour plusieurs exercices différents.

Entrons un peu plus dans le détail, et répartissons ces chiffres par sections et pourcentages :

Section A. Titulaires d'officine :	28 148	38,71 %
Section B. Fabrication importation exploitation	3 287	4, 52 %
Section C. Vente ou distribution en gros	617	0, 85 %
Section D. Pharmaciens adjoints en officine	26 153	35,96 %
Section E. pharmaciens d'outre-mer	1 525	2,10 %
Section G. Biologistes	7 983	10, 98 %
Section H. pharmaciens des Ets de santé	5003	6,88 %
Total toutes sections de l'Ordre	72 716	100 %

On observe une très forte féminisation de cette profession qui toutes sections confondues atteint 65, 80 % avec une moyenne d'âge toutes sections confondues de 45 ans et 11 mois.

On note aussi la forte progression du nombre de pharmaciens qui étaient 41 401 en 1980 pour 72 716 aujourd'hui, soit une augmentation de 80 % ! Mais aussi une quasi-stagnation en 2009 puisque les nouvelles inscriptions n'ont été que de 0,14 % de plus qu'en 2008. On note même une baisse des effectifs des pharmaciens biologistes et une légère baisse des pharmaciens d'officine. Dans le même temps, l'exercice en groupe se renforçant, on note une diminution des officines en 2007 de 57 unités pour s'établir à 22 514 au 1er janvier 2008. Avec une officine pour 2 717 habitants, la France dispose tout de même de l'une des meilleures couvertures pharmaceutiques au monde.

II. Les formes d'exercice de la pharmacie

La profession de pharmacien est largement conditionnée par des formes et des principes juridiques qui en rythment le quotidien.

A. L'exercice officinal individuel

Rappelons que **les officines disposent du monopole légal en France de la dispensation des médicaments**. Le principe est en théorie assez simple : un pharmacien est « titulaire » d'une seule autorisation d'officine ; c'est ce qu'on appelle un système « propriétaire » (*en Allemagne un pharmacien peut en avoir 3*) ; il doit **exercer en personne** sa profession avec son rôle de dispensateur de médicaments et de conseils ; il ne peut pas exercer une autre profession que celle de pharmacien. Cette acception traduit une vision un peu traditionnelle dirons-nous de l'exercice de la pharmacie ; c'est la plus connue du grand public.

Mais cet exercice est en partie conditionné au principe de droit français de **l'indivisibilité de l'exploitation et de la propriété**. En effet, en droit français, une autorisation d'officine (cf. *infra*) implique que le pharmacien est propriétaire de l'officine dont il est titulaire. Le terme titulaire est introduit directement par le

CSP et notamment aux articles L. 5125 et notamment aux tirets 7, 17, 20 et 21. Ce terme titulaire désigne en fait le pharmacien qui est le détenteur de l'autorisation ou licence.

Ce qui veut dire que la loi interdit toute gérance salariée d'une officine ou toute location de cette officine d'un pharmacien à un autre par exemple, à l'exception des pharmacies mutualistes et des pharmacies minières dont le régime est exposé au chapitre 8 du présent ouvrage. Ce n'est pas le système choisi chez nombre de nos voisins européens où un pharmacien peut gérer une officine de pharmacie sans en être le propriétaire. Ce dispositif en France est une trace de la fameuse déclaration royale du 25 avril 1777 dont on a déjà parlé *supra* (chapitre 1).

B. L'exercice officinal collectif

Ce qui précède ne signifie pas que soit proscrit l'exercice en groupe.

En effet, une pharmacie peut être possédée par une formule juridique de copropriété. Les sociétés en nom collectif étaient une formule déjà ouverte dès 1941. Il est possible de constituer des sociétés anonymes à responsabilité limitée (SARL) depuis la loi du 8 juillet 1948 ; de même, une société d'exercice libéral (SEL) qui regroupe plusieurs pharmaciens en vertu de la loi du 31 décembre 1990. Existe également la possibilité par la loi du 11 février 1994 de gérer une officine via le statut d'entreprise unipersonnelle à responsabilité limitée (EURL). Une nouvelle loi du 15 mai 2001 a même permis de créer des sociétés d'exercice libéral par actions simplifiées (SELAS) lesquelles offrent la possibilité de s'organiser comme on le veut au plan des apports en capital, sans part minimale légalement définie. Enfin, la fameuse loi MURCEF du 11 décembre 2001 permet même que des officines soient possédées par des sociétés de participation financières (SPF-PL) de professions libérales. Toutefois, le décret permettant ce montage n'est toujours pas pris. Bref, une grande souplesse. Les différentes formules ont des avantages et des inconvénients, tant au plan de la responsabilité professionnelle, civile ou commerciale que du régime fiscal. *(De même, l'officinal marié qui voudra acquérir une pharmacie ou en créer une, aura grand intérêt à vérifier son contrat de mariage avant de se lancer.)* Logiquement, les pharmaciens ainsi regroupés ne peuvent être rattachés qu'à une seule officine et doivent tous être diplômés. L'obligation d'être centré sur la profession est donc consacrée.

Toutefois, le décret du 28 août 1992 qui réglemente l'exercice en SEL permet une atténuation non négligeable de ce principe puisqu'individuellement un pharmacien parti à une SEL peut posséder des parts dans 2 autres SEL de pharmacie ; et que la SEL de pharmacie peut elle-même posséder des parts dans deux autres SEL de pharmacie. Notons que cet exercice collectif concerne plus de 40 % des officines ce qui se comprend aisément vu les prix des fonds de commerce.

C. La remise en cause du « système propriétaire » des pharmacies d'officine

À ce stade de nos développements, il importe de consacrer un peu de temps au bouleversement que pourraient connaître un jour les pharmaciens d'officine en France s'agissant de ce principe de système propriétaire.

En effet, par lettre en date du 21 mars 2007, la commission de l'Union européenne à Bruxelles, sur le fondement du manquement aux obligations des traités décrit à l'article 226, a mis en demeure la France de s'expliquer sur plusieurs points liés à la réserve de propriété des pharmacies pour les seuls pharmaciens. Question qui soulève selon la commission des problèmes de compatibilité avec le droit communautaire et notamment l'article 43 du traité de l'Union européenne relatif à la liberté d'établissement.

La commission alléguait en effet que le « système propriétaire » de l'article L. 5125-17 du CSP que nous venons de décrire *supra* nuit à la liberté d'établissement du fait que l'obligation de santé publique porte sur la délivrance correcte des produits médicamenteux en regard de bonne règles de sécurité sanitaire et de déontologie ce qui peut donc être obtenu par la présence d'un pharmacien dûment qualifié dans l'officine.

La commission alléguait aussi que cette mesure est disproportionnée en regard de l'objectif de santé publique visé car rien n'indique que ces critères soient mieux remplis du fait que l'officinal soit propriétaire. Ce principe de proportionnalité est tiré en particulier de l'arrêt Gebbard, C-55/94 du 30 novembre 1995 qui précise que les exceptions à l'article 43 sur la liberté d'installation ne sont possibles que si « elles s'appliquent de manière non discriminatoire, qu'elles se justifient pour des raisons impérieuses d'intérêt général, qu'elles soient propres à garantir la réalisation de l'objectif qu'elles poursuivent et **qu'elles n'aillent pas au-delà de ce qui est nécessaire pour l'atteindre** ». Et en effet, la Commission dans sa lettre de mise en demeure développe bien ce point de vue puisqu'elle précise dans ses considérants :

« Si l'on peut bien en effet admettre qu'il est nécessaire qu'une personne détenant le diplôme de pharmacien soit en charge des produits pharmaceutiques et des services proposés dans une officine, l'on peut en revanche contester la nécessité d'imposer cette qualité de pharmacien pour la seule détention du droit d'exploiter la pharmacie, dès lors qu'un pharmacien qualifié est présent dans chaque pharmacie et qu'il est responsable de la gestion des médicaments, de leur stock et de leur délivrance. »

Cet argument ne manque pas de force ; car, que dire des pharmaciens salariés collaborateurs dans les officines ? Seraient-ils moins qualifiés du fait qu'ils ne seraient pas propriétaires ? De surcroît, cet argument ouvre la possibilité de transformer les officines sur un système proche des établissements pharmaceutiques dont je vous parlerai *infra*.

En réponse, la France a fait connaître ses observations sur cet argument en arguant du fait que le « système propriétaire » est la garantie obligée d'indépendance dont chaque professionnel libéral doit pouvoir bénéficier pour éviter que la dispensation ne deviennent l'otage de logiques capitalistiques et de profit et non une logique de santé publique. Il n'est pas sûr que ce raisonnement emportera toujours la conviction ; car la commission soutiendra sans doute que l'indépendance procède plus des garanties de déontologie que de la structure du capital des pharmacies.

Le deuxième reproche fait au système français est que l'interdiction faite à un pharmacien de posséder plus d'une officine de pharmacie conduit à empêcher la constitution de groupes intégrés spécialisés dans la distribution et la diffusion de médicaments. Pour la commission, ceci n'est pas très justifié par la France puisque :

« Si la motivation réside dans la nécessité d'assurer la présence permanente du pharmacien titulaire dans l'officine, elle n'est pas admissible puisque l'élément indispensable pour assurer la qualité du service est la présence d'un pharmacien dans l'officine, et non pas le fait que le pharmacien détienne effectivement le droit d'exploitation de la pharmacie. »

La réponse faite par les autorités françaises le 29 juin 2007 se fonde sur le fait « *qu'un rapport personnel avec le malade, excluant toute dispersion du pharmacien dans de multiples structures, est seul de nature à remplir l'objectif de santé publique avec efficacité et rigueur.* »

Cet argument n'emportera pas forcément la conviction sur le long terme ; car sinon, il faudrait qu'il existât un acte spécifique de délivrance et de dispensation du médicament qui soit côté comme une consultation par exemple. Or, tel n'est pas le cas puisque le pharmacien rémunère son art sur sa marge commerciale. Au surplus, un arrêt de la CJCE datant déjà de 1992 avait tranché contre cette acception dans une affaire opposant la commission au Luxembourg.

Toutefois, un vrai rebondissement judiciaire a eu lieu sur cette question le 16 décembre 2008.

En effet, étaient produites ce jour-là les conclusions de l'avocat général de la CJCE M. Yves Bot sur deux affaires similaires jointes pour la circonstance, l'affaire C-531/06 (Commission contre Italie) et C-171/07 (Apothekerkammer des Saarlandes ea), la première opposant la commission à l'Italie et l'autre à des pharmaciens d'Allemagne. Les procédures en cause portent sur des affaires parfaitement connexes de système propriétaire des pharmacies puisque ces pays pour n'en avoir pas un système parfaitement similaire au nôtre ont néanmoins des dispositifs très proches. D'ailleurs, pour faire bon poids, la France qui en avait la possibilité juridique s'est jointe avec d'autres pays en intérêt, à l'appui de l'Italie et de l'Allemagne.

Dans la première affaire, c'est la commission qui a déclenché une procédure contre l'Italie du fait que celle-ci, en particulier via le régime des pharmacies communales mais pas seulement, réserve la détention d'une pharmacie d'officine aux seuls pharmaciens.

Dans la seconde affaire pendante en CJCE du fait d'une question préjudicielle, ce sont les pharmaciens d'officine allemands et leurs organisations professionnelles ayant qualité pour agir qui avaient devant leurs tribunaux nationaux attaqué le ministère de la sante du Land de Sarre du fait que celui-ci avait délivré une autorisation à une société néerlandaise (DocMorris BV) d'exploiter une pharmacie à Saarbruck en tant que simple succursale. Alors que pourtant le droit allemand réserve cette propriété aux seuls pharmaciens, même s'ils peuvent en détenir jusqu'à trois.

Or, un peu à la surprise générale, l'avocat général Bot a pris le contre-pied de la commission et du début de jurisprudence établie par la CJCE dans un contentieux déjà jugé sur les pharmacies grecques. Sans même parler d'une autre instance similaire jugée par la CJCE en 2009 et portant sur des cliniques vétérinaires en Autriche (contentieux Hartlauer).

Dans ses conclusions, l'avocat général Bot a rappelé que la santé publique est une compétence partagée entre l'Union européenne et les États. À l'appui de cette affirmation, il a mis en avant l'article 152 paragraphe 5 du traité qui prévoit que :

« L'action de la communauté dans le domaine de la santé publique respecte pleinement les responsabilités des États membres en matière d'organisation et de fourniture de services de santé et de soins médicaux. »

L'avocat général considère que le fait de réserver la propriété des pharmacies aux seuls pharmaciens relève donc bien de la compétence d'organisation des États. Au surplus, il indique que si ce point constitue en effet une entrave à la liberté d'installation cette entrave ne viole pas ce droit car elle est justifiée par l'objectif de protection de santé publique. Et ceci conformément au principe de proportionnalité qui exige qu'une mesure restrictive soit exactement proportionnée à l'objectif effectivement poursuivi.

Or, selon lui, le système propriétaire est justifié par le fait qu'il permet un approvisionnement de la population en médicaments qui présente des garanties suffisantes en matière de qualité et de variété. Il est aussi justifié par le fait qu'il permet une meilleure indépendance du conseil pharmaceutique qui ne doit pas être lié pour le bien du patient à des intérêts de groupes financiers intégrant de multiples officines.

Enfin, argument fort contre la commission, l'avocat général affirme que la seule présence d'un pharmacien qualifié dans une officine ne vaut pas garantie d'indépendance car il estime qu'un pharmacien non responsable de la politique commerciale de l'officine peut parfaitement être conduit à privilégier l'intérêt économique de la pharmacie par rapport aux exigences liées à l'exercice d'une activité pharmaceutique.

Toutefois, l'avocat général a amoindri la force de son argumentaire par une note de bas de page qui semble davantage traduire ses propres présupposés sociétaux que traduire une acception juridique du dossier.

En effet, discutant le fait que la règle visant à interdire aux non-pharmaciens de détenir et d'exploiter une pharmacie constitue une mesure destinée à prévenir les excès et notamment les conflits d'intérêts, il a indiqué que l'instauration d'un régime de responsabilité propre pour un pharmacien responsable salarié et dépendant d'un groupe intégré ne serait pas suffisante pour se prémunir des excès de dispensation, car ce régime ne corrigerait les excès qu'a postériori et non *a priori*. Or, à cet égard, il ajoute la note de bas de page suivante :

« Les arguments invoqués à cet égard par les opposants à la règle allemande à l'appui de leur thèse nous paraissent largement théoriques et au demeurant démentis dans ***la réalité de la crise financière contemporaine****. En effet l'existence dans le système bancaire d'autorités de contrôle et de régimes juridique de responsabilité civile commerciale ou pénale a tragiquement montré ses limites et son impuissance à prévenir ou à contrôler les excès nés d'une logique de rémunération prioritaire du capital investi. »*

Les termes mêmes de cette remarque posent problème. Car au fond, à lire les conclusions de l'avocat général Bot, on peut redouter qu'il ne soit aussi peu démonstratif juridiquement que les arguments de la commission. Et surtout, on peut déduire que son point de vue est assez connoté contre l'économie libérale et ses instances de régulation.

De même, on ne peut s'empêcher de songer au fait que ce point de vue si favorable au système propriétaire soit plus inspiré par la crise et la faillite d'un capitalisme financier « donneur de leçons » aux différentes puissances publiques, et au fond incapables de mieux faire. Sauf que ceci n'est pas un argument juridique, mais plus un argument conjoncturel à visée politique, même si c'est au sens noble du terme.

Bref, on ne peut s'empêcher de constater qu'en période de pleine expansion cet argument quasi central aujourd'hui dans le futur délibéré de la Cour eût été des plus contingents. Et qu'au fond, l'argumentaire de l'avocat général est plus fondé sur sa propre suspicion à l'égard de l'économie libérale que sur une réponse juridiquement argumentée.

La cour d'ailleurs qui n'est pourtant pas liée par ces conclusions, même si leur poids n'est pas anodin évidemment, a néanmoins suivi le raisonnement de M. Bot dans son arrêt rendu le 19 mai 2009 dernier.

La cour dans son arrêt a établi que même si le système propriétaire des pharmacies d'officine constituait bien une entrave à la liberté de circulation des capitaux et à la liberté d'établissement, celle-ci pouvait se justifier en regard de « *l'objectif visant à assurer un approvisionnement en médicaments de la population, sûr et de qualité* ». De même, la Cour pointe « *le caractère très particulier des médicaments* [...] *Les distinguant substantiellement des autres marchandises* ». Et la Cour de conclure « *qu'un État membre peut estimer dans sa marge d'appréciation que l'exploitation d'une pharmacie par un non-pharmacien peut représenter un risque pour la santé publique* ».

Il est clair qu'à ce stade, cette jurisprudence met fin momentanément au débat et apporte une conclusion à la mise en demeure de la Commission à laquelle la France faisait face. Mais momentanément seulement car ce débat ne pourra que ressurgir, tant les arguments utilisés dans cet arrêt semblent plus calés sur le souci de ne pas bousculer un dispositif qui a fait ses preuves et sur la crainte de la crise économique. Nul doute que le système propriétaire vient paradoxalement d'être sauvé par l'une des crises les plus graves que le système capitaliste ait connu. Mais certes pas par la puissance sans coup férir de l'argumentaire juridique.

D. L'exercice salarié de la pharmacie

Cet exercice est devenu **majoritaire dans la profession** si l'on cumule les sections D et H de l'ordre. Et il va le devenir plus encore du fait de l'arrêté tout récent du14 février 2008 publié au *JO* du 29 février 2008 et relatif au nombre de pharmaciens dont les titulaires d'officine doivent se faire assister en raison de l'importance de leur chiffre d'affaires. Pour mémoire, un pharmacien assistant obligatoire par tranches de chiffre d'affaires annuel allant de 1 225 000 € à 2 450 000 € ; puis un deuxième obligatoire entre 2 450 000 et 3 675 000 ; un assistant obligatoire supplémentaire par tranche de 1 225 000 au-delà.

Tout d'abord, les pharmaciens titulaires d'une officine peuvent volontairement, sans même parler des règles précitées, se faire assister d'un pharmacien adjoint (loi du 4 mars 2002). À l'inverse, une baisse subite du chiffre d'affaires peut légitimer la rupture du contrat de travail du pharmacien adjoint.

Le pharmacien adjoint d'officine dispose d'un statut spécifique avec une convention collective de travail, donc de droit privé. Quant aux pharmaciens salariés des établissements pharmaceutiques (industrie et répartition), ils sont protégés par les règles du droit du travail.

Pour ce qui concerne les pharmaciens salariés des établissements publics de soins et qui sont rattachés à la section H, les règles sont celles :

– soit des agents publics que constitue le corps des praticiens hospitaliers auquel sont rattachés les pharmaciens ;
– soit des contractuels de droit public que sont les internes, assistants ou attachés.

À noter que depuis 2002 une modification longue et délicate toujours en cours d'exécution transforme les professeurs de pharmacie, universitaires purs jusque-là, en des bi-appartenants (PU-PH et MCU-PH) à l'imitation des médecins ou des chirurgiens dentistes. C'est le décret n° 2006-593 pris en conseil des ministres du 23 mai 2006 qui organise ce transfert normalement effectif à la rentrée 2007-2008.

En réalité, cette réforme, accomplie à bas bruit, n'est pas sans un impact fort sur la pharmacie en général. En effet, nombre de pharmaciens n'y ont consenti qu'avec de fortes réticences car ils comprennent bien qu'à long terme, elle constituera une des pièces qui remettra en cause la prédominance de la pharmacie d'officine dont on apprécie que tout dérive. Car « l'onction universitaire » devrait à moyen et long terme agir sur les pharmaciens comme elle a agi concernant les médecins.

Nul ne peut nier que chez les médecins, une hiérarchie parfaitement lisible est en place pour les classer, avec au sommet les professeurs d'université, praticiens hospitaliers (PU-PH) recrutés parmi les tous meilleurs de ceux qui se soumettent au cursus honorum qui passe par l'internat et le clinicat. Et même ensuite, il existe une hiérarchie implicite entre les PH de CHU et ceux qui vont dans les hôpitaux généraux.

Toutes proportions gardées, les pharmaciens d'officine sont les généralistes de la profession ; et il la domine encore largement. La victoire de leurs thèses dans le contentieux précité *supra* ne fera que les conforter plus encore dans cette inclination. Or, ils ne peuvent ignorer ce que la réforme de 1958 a apporté à la médecine, tant il est vrai que le dispositif actuel est une simple transposition de cette logique.

Cette réforme devrait avoir un impact sur une instance importante mais souvent méconnue, l'Académie nationale de Pharmacie. Société savante et constituée en association reconnue d'utilité publique, elle est composée de pharmaciens élus au sein de la profession et parmi les plus doctes. Cette société encore très marquée par l'officine devrait doucement évoluer vers un côté pharmacologie universitaire nettement plus prononcé qu'aujourd'hui.

Chapitre 4

Les instances de régulation propres à la pharmacie

La profession de pharmacien est encadrée juridiquement et professionnellement par deux institutions spécifiques que sont l'Ordre national des pharmaciens et l'inspection régionale de la pharmacie (avec en sus les inspections particulières de l'AFSSAPS).

Mais s'agissant de droit pharmaceutique, on se rappelle que le médicament, le produit dispensé donc, est au cœur de notre sujet. C'est pourquoi on doit prendre en compte une institution qui est « la gardienne des règles sur les médicaments », c'est-à-dire l'AFSSAPS.

I. L'Ordre national des pharmaciens

On se souvient que cette structure a été créée à la libération sur le modèle de l'Ordre des médecins, créé en 1941 pour sa part. Au plan juridique les ordres professionnels sont des instances un peu hybrides qui gèrent ce que l'on appelle en droit public des « **prérogatives de puissance publique** ».

Très indépendants donc et lointains héritiers des corporations de métiers de l'ancien régime, ces ordres professionnels n'ont donc pas à proprement parler de « tutelle », si ce n'est la sanction éventuelle par le juge des actes unilatéraux qu'ils peuvent être amenés à prendre pour les membres qui leur sont rattachés. Ce rattachement étant, rappelons-le, obligatoire pour ces **professions réglementées**.

A. Généralités sur le fonctionnement de l'ordre national des pharmaciens

Le Conseil national de l'ordre est composé de 26 pharmaciens élus parmi leurs pairs au sein de chaque section, ainsi que de 7 membres associés nommés soit par le ministre de la Santé, soit sur proposition du ministre des universités et du ministre de l'outre-mer, soit sur proposition de l'Académie de pharmacie (cf. *infra*).

Comme on l'a rapidement indiqué au chapitre 2, l'Ordre est divisé en sections qui rassemblent chacune les différents métiers de la pharmacie. Dans la mesure où ces sections prennent des actes unilatéraux de droit public qui concernent leurs membres obligatoirement affiliés, chacune des sections dispose de la personnalité juridique avec un conseil central dont les membres sont élus pour 6 ans mais avec un renouvellement par moitié tous les 3 ans depuis la loi du 21 juillet 2009.

S'agissant de la section A qui concerne les pharmaciens d'officine, elle est aussi subdivisée en 21 conseils régionaux, dotés également de la personnalité juridique, et composés eux aussi de membres élus par leurs pairs. Ces conseils régionaux ont des attributions aussi bien consultatives (par exemple avis obligatoire sur un projet de création d'une officine) que disciplinaires.

Toutefois, on notera que dans ce cas précis, le conseil national de la section A agit comme une instance d'appel des décisions prises par les différents conseils régionaux (cf. *infra* – D).

B. Le rôle de l'ordre national des pharmaciens

Le rôle de l'ordre national des pharmaciens est quadruple :

- Conseiller le gouvernement dans les domaines ou la pharmacie entre en ligne de compte. C'est un rôle institutionnel qui conduit l'ordre des pharmaciens à désigner des représentants dans nombre de commissions officielles de l'administration consultative (exemple : le conseil supérieur de la pharmacie). Dans certains cas, la loi consignée en ce cas précis au CSP, prévoit même que **l'ordre est obligatoirement consulté** à peine de nullité pour les actes décisionnaires pris par le gouvernement. L'ordre siège notamment es qualité au **Conseil supérieur de la pharmacie**, instance consultative non négligeable placée auprès du ministre de la Santé et dont l'avis est déterminant dans certains domaines comme les autorisations d'exercice par exemple. On notera également une présence obligatoire de l'ordre à la commission nationale des stupéfiants et des psychotropes, à la commission nationale de la pharmacopée, et à la commission nationale permanente de biologie médicale.
- Défendre **l'indépendance et l'honneur de la profession de pharmacien**, et en particulier contre les intérêts privés. Ceci est d'autant plus nécessaire que les pharmaciens ont un rôle à jouer dans le cadre de la santé publique ; et que pour ce faire, travailler hors des pressions que certains groupes peuvent exercer n'est pas anodin. C'est

notamment sur ce fondement que l'ordre s'est fermement opposé à la remise en cause du système propriétaire des pharmacies d'officine par la Commission de l'Union européenne et dont le présent mémento a rendu compte en son chapitre précédent.

- Contrôler l'exercice de la profession : ceci grâce à différentes procédures dont la gestion de **l'obligation de s'inscrire** pour les pharmaciens à au moins un des tableaux de l'ordre. Rappelons qu'il existe à ce jour 7 sections actives : pharmaciens titulaires d'officine (section A) ; pharmaciens de l'industrie (section B) ; responsables de la distribution ou répartiteurs (section C) ; pharmaciens adjoints en officine et gérants salariés (section D) pharmaciens dans les DOM (section E) et biologistes (section G) sachant que la section F réservée à la Polynésie et à la Nouvelle-Calédonie s'est éteinte du fait de réformes et qu'il existe désormais une section H pour les pharmaciens des établissements de soins depuis la loi du 9 août 2004.
- Veiller à la **bonne déontologie de la profession** : Pour ce faire l'ordre fait respecter un texte qu'elle contribue elle-même à édicter, le code de déontologie. Ce code est publié sous forme d'un décret consigné dans la partie réglementaire du CSP, et cela en application de l'article L. 4235-1 du CSP partie législative qui dispose que :

  « Un code de déontologie préparé par le conseil national de l'ordre des pharmaciens est édicté sous la forme d'un décret en Conseil d'État. Ce code fixe notamment, en ce qui concerne les fonctionnaires exerçant la pharmacie les relations entre les administrations dont ils dépendent et les conseils de l'ordre au point de vue disciplinaire. »

C. Les règles du code de déontologie des pharmaciens

La première mouture de ce code date du 25 juin 1953. Aujourd'hui, c'est le décret n° 2004-802 du 29 juillet 2004 qui réglemente la matière et qui constitue le code de déontologie. Ce texte qui s'attache à traiter tout le champ de la déontologie professionnelle comprend 77 articles répartis en différentes sections et sous-sections, soit en fonction de thèmes à traiter, soit en fonction du mode d'exercice par exemple. Il est impérieux qu'un professionnel de la pharmacie ne fasse pas l'économie d'au moins une lecture approfondie de ce texte fondateur pour la profession.

Parmi les règles édictées dans la section 2 destinées à tous les pharmaciens, il importe de pouvoir en citer plusieurs pour qu'elles soient bien présentes à l'esprit des pharmaciens.

Par exemple, l'article ci-après (R.4235-3) :

« Le pharmacien doit veiller à préserver la liberté de son jugement professionnel dans l'exercice de ses fonctions. Il ne peut aliéner son indépendance sous quelque forme que ce soit. Il doit avoir en toutes circonstances un comportement conforme à ce qu'exigent la probité et la dignité de la profession. Il doit s'abstenir de tout fait ou manifestation de nature à déconsidérer la profession, même en dehors de l'exercice de celle-ci. Le pharmacien doit se refuser à établir toute facture ou attestation de complaisance. »

Cet article est une référence précise à l'une des missions de l'ordre visant à préserver l'indépendance des professionnels vis-à-vis des grands intérêts privés et en particulier ceux de l'industrie pharmaceutique.

Ou encore, l'article suivant (R.4235-5) :

« Le secret professionnel s'impose à tous les pharmaciens dans les conditions établies par la loi. Tout pharmacien doit en outre veiller

à ce que ses collaborateurs soient informés de leurs obligations en matière de secret professionnel et à ce qu'ils s'y conforment. »

Naturellement s'agissant de la santé de malades, personne ne s'étonnera d'une telle disposition.

Ou encore l'article suivant (R.4235-8) :

« Les pharmaciens sont tenus de prêter leur concours aux actions entreprises par les autorités compétentes en vue de la protection de la santé. »

Voici une référence précise au fait que les pharmaciens sont au même titre que d'autres professionnels de santé des agents qui contribuent à la santé publique et aux actions qui y sont attachées.

Dans un autre ordre d'idée, voici une règle (R.4235-13) qui porte sur l'exercice, et qui concerne les pharmaciens adjoints :

« Tout pharmacien doit définir par écrit les attributions des pharmaciens qui l'assistent ou auxquels il donne délégation. »

On voit poindre par exemple dans cette règle les questions liées aux responsabilités respectives des professionnels, dans l'acte de dispensation du médicament par exemple.

Dans un autre ordre d'idée qui porte sur les rapports entre confrères et vis-à-vis de la clientèle, on notera l'article R.4235-21 :

« Il est interdit aux pharmaciens de porter atteinte au libre choix du pharmacien par la clientèle. Ils doivent s'abstenir de tout acte de concurrence déloyale. »

Ou encore l'article R.4235-40 :

« Les pharmaciens qui ont entre eux un différend d'ordre professionnel doivent tenter de le résoudre. S'ils n'y parviennent pas, ils en avisent le président du conseil régional compétent de l'Ordre. »

S'agissant de pharmaciens hospitaliers pour explorer le champ des règles plus spécifiques à un mode d'exercice, cette règle édictée au R.4235-49 :

« Les pharmaciens sont tenus de participer aux services de garde et d'urgence prévus à l'article L 5125-22 du CSP – (ceci concerne les officinaux) – ou organisés par les autorités compétentes pour les soins aux personnes hospitalisées. »

À noter que cette règle des gardes s'applique à l'alinéa suivant aux officinaux :

« Les pharmaciens titulaires veillent à ce que leur officine satisfasse aux obligations [obligations de garde donc] *imposées par ce service. »*

S'agissant d'officinaux par exemple, cette règle très importante sur l'acte de dispensation du médicament qui trouve ici sa définition :

« Le pharmacien doit assurer dans son intégralité l'acte de dispensation du médicament, associant à sa délivrance : 1°) l'analyse pharmaceutique de l'ordonnance médicale si elle existe, 2°) la préparation éventuelle des doses à administrer, 3°) la mise à disposition des informations et des conseils nécessaires au bon usage du médicament. Il a un devoir particulier de conseil lorsqu'il est amené à délivrer un médicament qui ne requiert pas une prescription médicale. Il doit par des conseils appropriés et dans le domaine de ses compétences participer au soutien à apporter au patient. »

Il n'est pas possible dans le cadre du présent mémento de commenter chacun des articles. On se bornera à dire à ce stade qu'une excellente connaissance des 77 articles du code de déontologie qui régit la profession ne saurait nuire aux professionnels de la pharmacie.

D. La sanction des règles du code de déontologie

Le respect de ces règles s'impose aux pharmaciens. Ne pas les respecter expose à des poursuites conduites par l'ordre lui-même, lequel dispose d'attributions disciplinaires. S'agissant des officinaux, un premier niveau existe au plan régional avec une formation spéciale siégeant en chambre disciplinaire. Un appel avec effet suspensif de la sanction est possible au niveau de l'ordre national. Et les décisions des sections du conseil national peuvent faire l'objet d'un recours en cassation près le Conseil d'État. Lequel peut aussi statuer au fond après réformation de la décision en cassation.

Chaque section de l'ordre dispose de cette attribution et pour ce faire, dispose de la personnalité juridique. Un recours en annulation pour excès de pouvoir existe devant la juridiction administrative pour chacune des décisions prises par ces instances disciplinaires.

À noter que ces poursuites disciplinaires sur le fondement déontologique ne sont pas très simples à juger car le terrain de la faute professionnelle, même balisé par le code de déontologie, est loin d'être sans ambiguïté. Ces poursuites ne sont par ailleurs nullement exclusives de poursuites sur un autre terrain du droit, y compris au plan du droit pénal. En pareil cas, si le juge pénal a statué ex ante, ses dispositions s'imposent à la justice ordinale.

À noter aussi que la juridiction disciplinaire n'est pas tenue par le seul champ des règles définies dans le code de déontologie pour sanctionner un pharmacien. Les sanctions ne sont pas de pure forme puisqu'elles vont de l'avertissement, au blâme avec inscription au dossier, jusqu'à l'interdiction temporaire d'exercer et même l'interdiction définitive d'exercer.

Pour ceux qui penseraient que cela n'arrive qu'aux autres, retenons qu'il y a tout de même environ 400 décisions disciplinaires par an dont une centaine en appel. C'est très peu, comparé aux 72 716 pharmaciens et cela montre que le niveau de probité de la profession est très élevé ; mais ce contentieux n'est néanmoins pas négligeable.

II. Autres institutions de régulation de la pharmacie

A. L'inspection de la pharmacie

L'inspection de la pharmacie est une institution fort ancienne. On se souvient que dans notre historique, nous avons vu qu'une telle institution existait déjà à Bagdad au IXe siècle après J.-C. S'agissant de notre pays, cette institution est consacrée au CSP par les articles L 5127-1 à L 5127-6.

De façon assez lapidaire, l'article L 5127-1 dispose que :

« L'inspection de la pharmacie est exercée sous l'autorité du ministre chargé de la santé par les pharmaciens inspecteurs de santé publique. »

D'une façon générale, on peut dire que cette inspection est l'instance de régulation des activités de pharmacie.

Les pharmaciens de santé publique naturellement diplômés eux-mêmes en pharmacie sont recrutés sur concours et doivent satisfaire à certaines conditions d'expérience professionnelle en qualité de pharmacien avant de passer lesdites épreuves. Ils reçoivent une formation spécialisée à l'École de hautes études en santé publique (EHESP) de Rennes (auparavant École nationale de la santé publique – ENSP).

Ils disposent d'une **habilitation** pour exercer leurs fonctions et sont assermentés pour les constations qu'ils sont amenés à faire. Ils sont affectés dans les directions régionales des affaires sanitaires et sociales (DRASS). Leur hiérarchie directe est alors soit le préfet, soit le directeur de l'agence régionale de l'hospitalisation (DARH), soit les agences nationales de sécurité sanitaire (AFSSAPS, AFSSA, ASNR), soit leur directeur d'administration centrale.

Ils doivent vérifier le respect de la réglementation, veiller au développement de l'assurance qualité, de l'amélioration des bonnes pratiques professionnelles et de la qualité des soins. Ils contrôlent aussi les produits délivrés par les officines, constatent les éventuels exercices illégaux de la pharmacie, conduisent les enquêtes relatives au dopage et à la toxicomanie.

S'agissant d'exercice illégal de la pharmacie, le rôle de l'inspection ne vaut pas qu'en regard des demandes hiérarchiques émanant soit du préfet, soit du directeur de l'ARH, soit des agences nationales de sécurité sanitaire. **En effet, l'article L 5127 du CSP dispose que** :

« Les pharmaciens inspecteurs de santé publique signalent aux autorités compétentes les manquements aux règles professionnelles de la pharmacie qu'ils constatent dans l'exercice de leurs fonctions. Ils font les enquêtes prescrites par l'autorité hiérarchique ou demandées par les instances ordinales compétentes. »

Très clairement, au-delà du simple signalement à un manquement aux règles, l'inspection coopère et enquête au besoin pour le compte de l'ordre des pharmaciens. Devant l'attitude de l'ordre qui peut minimiser parfois les infractions constatées, l'inspection de la pharmacie a tendance de plus en plus à porter les affaires devant le procureur de la République.

Par ailleurs, l'inspection peut avoir un rapport direct avec la justice dans l'exercice du pouvoir de consignation des produits. Il s'agit en effet des actes consistant à consigner immédiatement des produits suspectés dans une officine ou un établissement de présenter un danger grave et immédiat pour la population.

L'article L 5127-2 dispose que :

« *La mesure de consignation ne peut excéder 15 jours que sur autorisation du président du tribunal de grande instance ou du juge délégué par lui, saisi sur requête par les pharmaciens inspecteurs de santé publique.* »

À noter que le pharmacien inspecteur agit alors en toute indépendance dans le cadre de ce pouvoir et qu'il n'en réfère qu'à sa probité et sa conscience professionnelle en pareil cas. L'inspection peut aussi prêter son concours au parquet dans le cadre d'enquêtes diligentées par ses soins.

Soulignons une coopération grandissante avec les pharmaciens conseils de l'assurance-maladie dans le cadre de la mise en place des observatoires régionaux du médicament (OMEDIT) chargé de promouvoir les bonnes pratiques de prescription dans les EPS via des contrats de bon usage dans les PUI.

L'inspection a également un rôle de gestion comme par exemple dans le plan régional de stérilisation, la gestion de l'internat en pharmacie et biologie, la gestion des PH de pharmacie dans les EPS, la rédaction de plan d'urgences comme BIOTOX par exemple.

Enfin, l'inspection de la pharmacie joue un rôle capital dans tout ce qui concerne l'instruction des dossiers d'autorisation des pharmacies d'officine ou des établissements pharmaceutiques que nous examinerons plus en particulier.

Une réforme en cours avec la création des agences régionales de santé (ARS) devrait faire passer la totalité de l'inspection de la pharmacie sous le contrôle du directeur général de l'ARS.

L'inspection de la pharmacie quittera ainsi le monde des préfectures de région et prendra une dimension purement régionale. Ceci n'est pas sans poser des difficultés, non encore tranchées, sur la question de l'indépendance des inspections ; mais ces difficultés n'apparaissent pas tellement plus insurmontables que celles que l'on connaît aujourd'hui avec le rattachement aux préfectures de département.

Il est probable d'ailleurs que les futures ARS, au-delà des instances obligatoires qui les composeront, disposeront d'une assez large latitude pour leur organisation interne. Et que dans de telles conditions, dérivant en cela des instances déjà existantes dans les ARH, les observatoires régionaux du médicament, certaines ARS composeront un véritable service régional ad hoc dédié aux pharmacies quelle qu'en soit la forme, et aussi aux pharmaciens.

Nul ne doute alors que les formes d'association naissante entre les pharmaciens conseil de l'assurance-maladie, chargés d'ores et déjà de contrôler la délivrance des prestations aux assurés sociaux, et les pharmaciens inspecteurs chargés eux de contrôler pharmacies et pharmaciens trouveront leur plein épanouissement.

Il y aura là un rôle de recomposition et de cohérence pour ces nouvelles instances régionales que seront les ARS en matière de pharmacie.

B. L'Agence française de sécurité sanitaire des produits de santé (AFSSAPS)

On a vu dans notre introduction que l'AFSSAPS créée en 1998 est le successeur de l'Agence française du médicament qui ne datait que de 1993. C'est un établissement public administratif (EPA) de l'État placé sous la tutelle du ministère de la santé.

On peut se demander pourquoi le ministère de la santé n'assurerait pas ces tâches directement par ses propres services. Or, sans rentrer dans des développements par trop fastidieux et techniques, retenons que le principe des EPA est de disposer d'une véritable autonomie administrative avec instances délibératives et décisionnaires propres, tout en répondant à un principe dit de spécialité. C'est dire que cette forme de démembrement de l'administration est parfaitement adaptée à ce « produit pas comme les autres » qu'est le médicament.

1. Fonctionnement de l'AFSSAPS

Les règles qui régissent cette instance sont en totalité contenues dans le CSP.

Établissement public de l'État, l'AFSSAPS est doté d'un conseil d'administration dont la composition est étroitement contrôlée par le ministère de la Santé qui y nomme pas moins de 9 représentants et 6 personnalités qualifiées choisies par lui et lui seul sur 20 membres.

De surcroît, le directeur général de cet EPA est nommé par décret du président de la République. En théorie, la tutelle du ministère de la santé sur lui est allégée puisque, pour garantir son indépendance, ses décisions ne sont pas susceptibles de réformation par le ministre de la Santé. Ceci est toutefois purement théorique et destiné à apaiser certains groupes de pression.

Car sans même parler de l'arrêté motivé que le ministre a le droit de prendre contre une décision du directeur général, en cas de péril grave et imminent en matière de santé publique (jamais utilisé à ce jour), on imagine mal que les rapports entre le directeur général de l'AFSSAPS et les services du ministère ne seraient pas confiants. En pareil cas, ce qu'un décret a fait, un autre pouvant le défaire, on changerait purement et simplement le directeur général révocable ad nutum.

L'indépendance du directeur général provient bien plus de son professionnalisme et de ses compétences en matière de médicaments que de règles de droit ou de procédure.

Afin d'assister l'agence dans ses nombreuses missions, un conseil scientifique est mis en place et dont le président est également nommé par le ministre de la Santé. Il est composé de professionnels scientifiquement reconnus dans le domaine de la pharmacie. Il veille à la cohérence des décisions scientifiques et comprend les présidents des commissions spécialisées (cf. *infra*).

2. Missions et moyens de l'AFSSAPS

Les missions de l'AFSSAPS sont définies à l'article L. 5311-1 du CSP. L'AFSSAPS a pour mission de faire appliquer lois et règlements relatifs à ses attributions centrées sur le médicament.

Ce même article détaille 15 catégories de produits pour lesquels l'AFSSAPS est compétente. On trouvera une énumération exhaustive de ces produits dans notre chapitre consacré au médicament. Ceci posé, cette liste n'est pas exclusive car le CSP s'est réservé la possibilité d'intervenir au besoin dans le champ d'autres produits.

À ce stade, retenons que l'AFSSAPS est compétente pour :

- Les médicaments, y compris les préparations magistrales, les préparations hospitalières, les préparations officinales, les substances stupéfiantes, psychotropes ou autres substances vénéneuses utilisées en médecine, les insecticides, acaricides et antiparasitaires à usage humain, les huiles essentielles et les plantes médicinales, les matières premières à usage pharmaceutique.
- Les produits contraceptifs et contragestifs.
- Les produits sanguins labiles.
- Les dispositifs médicaux de diagnostic.

En resterait-on là d'ailleurs que ce champ serait en lui-même plus que conséquent.

L'AFSSAPS prend les décisions concernant ces produits, la plus connue d'entre elle étant l'autorisation de mise sur le marché (**AMM**), procédure complexe que l'on décrira exhaustivement dans le chapitre consacré aux médicaments.

Mais elle prend des décisions également pour l'évaluation scientifique des produits, sur les essais cliniques destinés à les valider avec des règles drastiques définies au CSP, sur la pharmacopée et la pharmacovigilance, pour les conditions de stockage des produits, pour leur publicité ou encore leur conditionnement.

Pour accomplir ces missions l'AFSSAPS dispose en son sein de 14 commissions spécialisées d'inégale importance mais dont certaines jouent un rôle capital dans la vie de l'Agence.

Il s'agit de :

- **La Commission d'autorisation de mise sur le marché** (articles R-5121-53 à R-5123-60 du CSP) : son avis est déterminant pour la mise sur le marché et la délivrance de l'AMM d'une spécialité pharmaceutique ; car pour des raisons de sécurité sanitaire, nul ne songerait vraiment aujourd'hui à en surmonter un avis négatif, même si c'est en théorie parfaitement possible.
- **La Commission nationale de la pharmacopée** : cette commission a un rôle déterminant en matière de pharmacopée, notion et fonctionnement qui seront entièrement étudiés au chapitre dédié au médicament.
- **La Commission nationale de pharmacovigilance** : cette commission a pour mission première « la surveillance du risque d'effets indésirables résultants de l'utilisation des médicaments et produits à usage humain » (article R-5121-150 du CSP). Cette activité est très importante dans tout ce qui concerne les questions de iatrogénie médicamenteuse (cf. *infra*).

- **La Commission nationale des stupéfiants et psychotropes** : cette commission a pour but d'évaluer les risques en matière de pharmacodépendance des produits ou substances ayant un effet psychoactif ainsi que tout ce qui concerne le tabac et les produits alcooliques. Ses avis sont lourds de conséquences puisqu'ils conditionnent en grande partie ce qui sera autorisé ou prohibé. Par exemple, il ne fait aucun doute que cette commission sera saisie si la Suède persiste à vouloir, en s'appuyant sur l'Union européenne, exporter un produit à mâcher dérivé du tabac dans tout le reste de l'Europe.

L'AFSSAPS dispose en fin d'un **corps d'inspecteurs** organisé par le CSP. Le directeur général a, en effet, le pouvoir de désigner parmi ses agents, en général plutôt des pharmaciens, des inspecteurs dont le rôle principal (cf. *infra* dans le chapitre dédié au droit pharmaceutique industriel) est de procéder aux inspections de contrôle des bonnes pratiques pour les établissements pharmaceutiques qui produisent et conditionnent les médicaments. Ces inspecteurs peuvent aussi enquêter et recueillir toutes données utiles sur un produit ou une substance

CHAPITRE 5

Droit des autorisations de création, de transfert ou de concentration des structures pharmaceutiques

On a établi dans nos développements précédents que les activités de pharmacie étaient fortement encadrées et réglementées par la puissance publique.

Les développements du présent chapitre ont pour objectif de décrire et de préciser les procédures d'autorisation pour :

- les officines de pharmacie ;
- les laboratoires d'analyses de biologie médicale ;
- les entreprises et établissements pharmaceutiques.

I. Définitions juridiques

Définissons juridiquement d'abord chacune de ces structures.

A. L'officine

Une **officine de pharmacie** est le point de vente au détail de médicaments et de préparations pharmaceutiques effectuées par un pharmacien dûment habilité pour ce faire. Le code de la santé publique définit ainsi l'officine de pharmacie en son **article L. 5125-1** :

« On entend par officine l'établissement affecté à la dispensation des médicaments produits et objets mentionnés à l'article L 4211-1 ainsi qu'à l'exécution des préparations magistrales ou officinales. »

Une officine, au-delà de cette définition de santé publique, est aussi un fonds de commerce au sens traditionnel du droit commercial français. D'ailleurs, ce point est expressément visé à l'alinéa 7 de l'article L. 5125 du CSP ci-dessus cité. Ce qui ne définit pas forcément quelque chose de très précis car cette notion juridique de fonds de commerce est pour l'essentiel jurisprudentielle.

Résumons en indiquant que le fonds de commerce désigne ce que le pharmacien titulaire d'officine met à la disposition de son activité de dispensation du médicament. C'est-à-dire non seulement les locaux et son stock (éléments corporels du fonds) ainsi que son enseigne, ses marques et brevets, sa clientèle (éléments incorporels).

On se reportera au chapitre 3 pour se rappeler les obligations du pharmacien « titulaire d'officine ».

B. Les laboratoires de biologie médicale (LABM)

S'agissant des **laboratoires d'analyses de biologie médicale** c'est **l'article L. 6211-1 du CSP** qui dispose :

« [...] *Les analyses (de biologie médicale) ne peuvent être effectuées que dans les laboratoires d'analyse de biologie médicale sous la responsabilité de leurs directeurs et directeurs adjoints.* »

Les actes opérés par ces laboratoires présentent une haute technicité et ne peuvent être accomplis que sous réserve d'une compétence humaine affirmée et vérifiée.

L'installation des laboratoires de biologie est libre mais leur ouverture avec déclaration de leurs activités exercées est soumise à autorisation. Bien que rarement évoqué dans le cadre du droit pharmaceutique, ce domaine mérite pourtant, même de façon succincte, de n'en être pas écarté, ne serait-ce que parce qu'une section de l'ordre des pharmaciens lui est consacrée.

C. Les établissements pharmaceutiques

On entend par **établissement pharmaceutique** les établissements chargés de la fabrication, l'importation, l'exportation et la distribution en gros de médicaments. La législation de ce point de vue pourrait apparaître quelque peu confuse car elle distingue les entreprises et les établissements pharmaceutiques. En fait, ceci distingue dans les groupes industriels ceux qui ont plusieurs établissements de fabrication ou de distribution de produits. Avec l'obligation de placer à la tête de chaque établissement pharmaceutique un **pharmacien responsable** et d'avoir une autorisation par activité.

En réalité, le décret d'application n° 2004-802 du 29 juillet 2004 pris en Conseil d'État qui approfondit ces définitions ne détaille pas moins de 13 types d'établissement pharmaceutiques ! La meilleure définition est résumée par l'article L 5124 du CSP qui dispose que :

« La fabrication, l'importation, l'exportation et la distribution en gros de médicaments, produits et objets mentionnés à l'article L 4211-1, la fabrication, l'importation et la distribution des médicaments expérimentaux à l'exception des préparations de thérapie génique et des préparations de thérapie cellulaire xénogénique, ainsi que l'exploitation de spécialités pharmaceutiques ou autres médicaments de générateur, trousses ou précurseurs définis au 8°, 9°, et 10° de l'article L 5121-1 ne peuvent être effectués que dans des établissements pharmaceutiques régis par le présent chapitre. »

Ce qui caractérise aussi bien l'officine de pharmacie, que le laboratoire d'analyses de biologie médicale que l'établissement pharmaceutique, c'est qu'ils sont tous soumis à une autorisation administrative pour pouvoir opérer leurs activités. Et ceci selon des procédures distinctes gérées par des autorités différentes.

II. Autorisations des officines de pharmacie et conséquences juridiques dérivées

L'implantation des officines de pharmacie est depuis la loi du 11 septembre 1941 limitée par un système de quotas de population. Ce dispositif est destiné à faire un point moyen entre la nécessité de disposer d'un bon réseau d'officines pour que les malades puissent s'approvisionner facilement et les intérêts de rentabilité financière pour les officines des pharmaciens déjà en place.

L'autorité compétente pour autoriser l'officine est le **préfet du département** qui délivre **une licence** à l'officinal autorisé après avis consultatif des syndicats professionnels représentatifs et du conseil régional de l'ordre des pharmaciens. Ceci changera rapidement car la mise en place des futures ARS contenues dans la loi du 21 juillet 2009 devrait conduire à transférer ces autorisations au directeur général de l'ARS.

L'article L 5125-4 du CSP stipule que :

« Toute création d'une nouvelle officine, tout transfert d'une officine d'un lieu à un autre et tout regroupement d'officines sont subordonnés à l'octroi d'une licence par le représentant de l'État dans le département [...]. *Dans tous les cas, la décision de création de transfert ou de regroupement est prise par le représentant de l'État dans le département après avis des syndicats représentatifs de la profession et du conseil régional de l'ordre des pharmaciens* [...]. *»*

La contrepartie de ce droit d'autorisation assez procédurier sans doute, mais très protecteur, s'inscrit dans des obligations professionnelles et des contraintes pour les pharmaciens.

A. Les autorisations pour créer, transférer ou regrouper les officines

Comme vous n'aurez pas manqué de le noter à la lecture de l'article du CSP ci-dessus, il n'y a pas une mais 3 procédures concernant les pharmacies d'officine : la création ; le transfert ; le regroupement de pharmacies. Nous analyserons successivement ces 3 cas, sachant que nombres de règles sont communes et que la loi de financement de la Sécurité sociale pour 2008 dite PLFSS n° 2007-1786 du 19 décembre 2007 dans son article 59 est venu modifier sensiblement la matière.

1. La création d'une officine de pharmacie

a. Conditions générales

La création d'une officine de pharmacie est soumise à l'octroi d'une autorisation administrative, la licence, qui est délivrée par le Préfet du département territorialement compétent.

L'article L. 5125-4 dispose que :

« Toute création d'une nouvelle officine… est subordonnée à l'octroi d'une licence délivrée par le représentant de l'État dans le département… »

Cette licence est accordée après instruction effectuée par la DDASS et après avis consultatif des organismes professionnels consultatifs. Celle licence est accordée par arrêté préfectoral. Elle ne peut l'être qu'à un pharmacien titulaire ou société de pharmaciens titulaires remplissant les conditions de moralité, de diplôme, d'expérience (au moins 6 mois) et de nationalité. La licence s'attache certes à l'officine dont elle fixe l'emplacement, mais elle est indissociable en ce cas précis du pharmacien titulaire de l'officine.

Rappelons l'article 5125-8 du CSP qui dispose que :

« Seuls les pharmaciens de nationalité française, citoyens andorrans ou ressortissants de l'un des États de l'UE ou d'un des États partie à l'EEE, titulaires du diplôme français d'État peuvent individuellement ou en société créer une officine ou racheter une officine ouverte depuis moins de 3 ans. »

Le préfet est libre d'imposer selon des critères discrétionnaires une distance minimale entre la nouvelle officine et celles qui existent déjà ; il peut aussi imposer un secteur de la ville dans laquelle pourra s'implanter la nouvelle officine.

Afin de ne pas exagérément figer les situations et accélérer les réponses données aux populations en termes de dispensation des médicaments, une loi du 2 août 2005 a renforcé les délais de caducité de la licence.

Désormais, selon les termes mêmes de l'article 5125-7 du CSP :

« *L'officine dont la création, le transfert ou le regroupement a été autorisé doit être effectivement ouverte au public au plus tard à l'issue d'un délai d'un an qui court à partir du jour de la notification de l'arrêté de licence, sauf prolongation en cas de force majeure* [...]. »

La loi du 19 décembre 2007 (PLFSS pour 2008) dispose que la cessation définitive d'activité de l'officine entraîne la caducité de la licence qui doit être remise à la préfecture. Lorsqu'elle n'est pas déclarée, la cessation d'activité est réputée définitive au terme d'une durée de 12 mois.

b. Les quotas de population exigés pour la création des officines

Ces critères, toujours très contestés, ont abouti à générer un contentieux des plus fournis devant les juridictions administratives. Notamment du temps ou existait une procédure dite dérogatoire dont le périmètre juridique trop flou conduisait invariablement au prétoire.

Le nombre d'arrêts du Conseil d'État portant sur les questions de pharmacie est si important que ce serait pure gageure de vouloir tous les prendre en compte. Tout ceci traduit surtout le caractère assez empirique de la matière.

Ce domaine avait été nettement amélioré par l'ordonnance n° 2000-548 du 15 juin 2000, par l'ordonnance n° 2005-1040 du 26 août 2005 et par la loi n° 2005-882 du 2 août 2005 toutes codifiées au CSP. Ces dispositifs séparaient en 3 catégories : les communes de – de 2 500 habitants, celles allant de 2 500 à 30 000 et celles supérieures à 30 000 habitants. Avec des tranches de population ouvrant droit à création soit de 2 500 habitants supplémentaires, soit de 3 000 pour les communes de plus de 30 000.

Mais la nécessité de sauvegarder les intérêts économiques de pharmacies, peu rentables vu leur zone de chalandise, a conduit à légiférer de nouveau et le PLFSS 2008 voté au Parlement le 18 décembre 2007 (article 59) a récemment modifié en profondeur les seuils par commune et les quotas de population ouvrant droit à possibilités d'ouverture de pharmacies.

Ces quotas sont fixés à l'article L 5125. On peut les résumer ainsi :

- Pour les communes de 2 500 habitants et plus, le quota est fixé à une officine supplémentaire pour **3 500 habitants supplémentaires**. En théorie, la première est créée à partir de 2 500 habitants, seules les suivantes appellent des tranches de 3 500. Mais c'est une hypothèse d'école ou presque car aucune ville de plus de 2 500 habitants en France serait aujourd'hui dépourvue d'une pharmacie. On en déduit qu'une commune qui, à la suite d'un recensement communal, démontre que sa population excède 6 000 habitants obtiendra ipso facto une possibilité d'une nouvelle implantation à condition que celle-ci réponde à un besoin de la population. Et ainsi de suite, par tranches complètes de 3 500 habitants. Mais ce dispositif n'est que théorique car la grande révolution du PLFSS de 2008 est que **cette ouverture ne pourra désormais s'effectuer que par transfert d'une autre pharmacie déjà existante ailleurs (cf. *infra*)**. Pour ce faire la loi a bloqué jusqu'au 1er janvier 2010 les créations pures de façon telle que les pharmaciens titulaires d'officine disposent du temps nécessaire pour déposer des dossiers de transfert ou de regroupement. Et ceci, autre nouveauté, depuis l'ensemble du territoire métropolitain et non plus seulement dans le seul département comme auparavant. Pour le cas où dans un délai de 2 ans aucune demande de transfert ou de regroupement ne serait intervenue, alors seulement une possibilité de création pure serait ouverte. Et en pareil cas, l'autorité administrative se voit assigner le devoir de diriger cette implantation dans des zones peu couvertes comme par exemple les zones franches urbaines (ZFU) destinées à revivifier des « quartiers » délaissés ou en difficulté économique.

- Pour les communes de moins de 2 500 habitants, aucune création n'est possible s'il existe déjà une officine.

Les cartes départementales d'implantation des pharmacies ont – soulignons-le – été supprimées par cette même loi du 19 décembre 2007. Ce qui veut dire que, hormis un quota absolument rempli, point d'autres possibilités d'ouverture de pharmacie, sauf en zones franches urbaines, zones urbaines sensibles, zones de redynamisation urbaines et celles de revitalisation rurale.

Pour le compte de la population, il existait jusqu'à présent des recensements nationaux et des recensements complémentaires qui faisaient foi. Aujourd'hui, l'abandon de cette procédure laisse aux municipalités la responsabilité des décomptes. Il est n'est pas improbable que cela pourrait contribuer à alimenter à terme un nouveau pan de contentieux.

Notons que les créations dans les centres commerciaux où transite une nombreuse population sont possibles, même s'il existe des officines voisines. Notons qu'il n'était pas tenu compte des pharmacies mutualistes (cf. *infra*) pour le calcul des quotas, car elles sont supposées avoir une clientèle spécifique, ce qui est d'ailleurs très contesté. Si contesté même, qu'un arrêt du Conseil d'État (CE. 279-893 du 28 avril 2006 ministère des solidarités, de la santé et de la famille c/ MM. Hickel et Engel) a inversé cette pratique pour imposer que la population mutualiste et minière soit prise en compte pour accorder un transfert ou une création de pharmacie libérale. Toutefois, ceci doit être pondéré par la loi de 2007 car désormais, aucune création pure ne peut intervenir puisque l'objectif est de favoriser les transferts et les regroupements, y compris voire parfois surtout dans ce type de cas.

2. Les transferts d'officines de pharmacie

Les mouvements de population, les nouvelles infrastructures comme une déviation routière par exemple, ou la création d'un lotissement peuvent conduire à ce que des officines originellement bien placées se trouvent pénalisées en termes de clientèle. Ce qu'en droit commercial on appelle les zones de chalandise.

Le législateur depuis le PLFSS 2008 encourage plus que fortement le fait que des officines puissent changer de localisation, surtout si cela améliore la bonne dispensation du médicament aux malades, mais sans que cela relève d'une obligation même si les conditions minimales d'information ne sont pas remplies. De plus, nul ne disconvient qu'il peut s'avérer indispensable de moderniser un local pour le rendre conforme aux bonnes pratiques ou de favoriser une meilleure rentabilité de l'officine. Aujourd'hui, les règles européennes dont on a parlé au chapitre 3 par ailleurs et la nécessité de limiter un maillage qui devient très dense conduit à nettement favoriser les transferts au détriment des créations. Au surplus, comme on vient de le voir *supra*, **le transfert est désormais la modalité favorisée d'implantation des pharmacies**.

L'article L 5125-14 du CSP organise les transferts entre communes dans les conditions ci-après :

Pour qu'un transfert soit possible, la population de la commune d'origine doit être inférieure aux nouveaux seuils soit moins de 2 500 habitants pour la première officine et moins de 3 500 pour une supplémentaire. La commune d'accueil devra quant à elle avoir une population supérieure à 2 500 pour la première officine, et 3 500 par tranche de population au moins pour la suivante.

La limite au transfert contenue au L 5125-7 est que le transfert ne peut pas se faire dans un délai de 5 ans suivant l'obtention d'une licence. La jurisprudence du Conseil d'État est d'ailleurs vigilante sur ce point et veille à ce que l'approvisionnement normal ne soit pas interrompu du fait du transfert ; le Conseil d'État veille aussi aux questions **d'abandon de clientèle**. D'ailleurs, ce critère qui pour l'essentiel relevait de la jurisprudence jusqu'alors – car supprimé par la loi de 1999 – est redevenu légal lors de la réforme du 19 décembre 2007. La nouvelle loi réintroduit en effet la notion « d'abandon de population du quartier d'origine » à l'article L. 5125-3 du code.

3. Les regroupements d'officines de pharmacie

Le regroupement de pharmacies est un phénomène qui du fait de la nouvelle loi du 19 décembre 2007 devrait s'accélérer fortement ; il n'a d'ailleurs trouvé de traduction légale que depuis la loi du 27 juillet 1999. On peut en effet dire qu'avec la suppression des limitations géographiques, les procédures de transfert et de regroupement vont se combiner de plus en plus.

En réalité, ces nouvelles licences de regroupement correspondent à une réponse face à certaines difficultés économiques des officines de pharmacies. C'est une alternative intéressante pour le pharmacien qui se trouverait contraint de fermer purement et simplement son officine et déposer sa licence.

Le code de la santé publique dispose en son article L.5125-15, que :

« Plusieurs officines peuvent, dans les conditions fixées à l'article L.5125-3 être regroupées en un lieu unique, à la demande de leurs titulaires.

Le lieu de regroupement de ces officines est l'emplacement de l'une d'elles, où un lieu nouveau situé dans une même commune.

Dans le cadre d'un regroupement dans un lieu nouveau, la nouvelle officine ne pourra effectivement être ouverte au public que lorsque les officines regroupées auront été fermées. »

On observera que le renvoi à l'article L.5125-3 est particulièrement pertinent puisqu'il s'agit de s'assurer que l'opération n'est pas de pure complaisance mais qu'elle permet de « répondre de façon optimale aux besoins en médicaments de la population résidant dans les quartiers d'accueil ». Bref, nul ne trouve abusif qu'un officinal ou plusieurs se regroupent pour solvabiliser leur affaire. Mais pas au détriment des besoins des malades. Au passage, vous observerez qu'en pareil cas, il faudra muter d'un exercice individuel vers un exercice collectif comme nous l'avions décrit *supra*. La loi de 2007 a rendu possible les regroupements d'officines sans limitation de périmètre géographique à l'imitation des transferts d'ailleurs, alors que cette opération était autrefois limitée à une seule commune.

Dans les faits, les impératifs de rentabilité économique des officines conduisent à ce que cette procédure encore récente soit de plus en plus fréquente et c'est bien pour l'accélérer que le législateur a levé les limitations de périmètre géographique. D'ailleurs, le législateur a même prévu en pareil cas de bloquer toute nouvelle implantation pour une durée de 5 ans une fois une telle opération réalisée par un premier regroupement, sauf si une tranche de population de 3 500 habitants supplémentaires est constatée.

Pour conclure cette partie centrée sur les procédures de l'officine, quelques données statistiques pour avoir un ordre de grandeur : on avait au **1er janvier 2009** selon les chiffres de l'Ordre national des pharmaciens 23 462 officines de pharmacies, 65 pharmacies mutualistes, 63 pharmacies des sociétés de secours minières et 616 officines outre-mer soit une moyenne d'une officine pour 2 700 habitants environ. Le chiffre d'affaires moyen des officines est de l'ordre de 1, 4 million d'€ par an et le chiffre d'affaires global des officines est estimé annuellement à 30 milliards d'€.

Par ailleurs, sur l'année 2008, et sur la base de 90 % de réponses des DDASS, on compte :

- 252 transferts ;
- 11 regroupements ;
- 73 fermetures.

Au total, les officines françaises de pharmacie emploient autour de 100 000 personnes.

B. Autorisations pour la création, modification ou transfert d'autorisations d'entreprises ou établissements pharmaceutiques de fabrication et répartition

L'industrie pharmaceutique est soumise – et d'ailleurs depuis la loi de 1941 – elle aussi à des règles strictes d'autorisation administrative.

L'article L.5124-4 du CSP dispose en effet que :

« L'ouverture d'un établissement pharmaceutique, quel que soit son activité, est subordonnée à une autorisation délivrée par l'AFSSAPS. Cette autorisation peut, après mise en demeure, être suspendue ou retirée en cas d'infraction aux dispositions du présent livre [...].

Toute modification des éléments figurant dans l'autorisation initiale doit faire l'objet d'une nouvelle autorisation préalable. »

1. Procédure d'autorisation

Cette autorisation est soumise à une procédure qui n'a rien d'arbitraire et qui relève d'un cahier des charges fixé réglementairement par arrêté ministériel et placé sous le contrôle de l'inspection interne de l'AFSSAPS (cf. chapitre précédent). À noter que la procédure impose de consulter l'ordre national des pharmaciens en sa section compétente qu'il s'agisse d'une création, d'une modification ou d'un transfert d'autorisations.

Parmi les critères qui sont vérifiés, il y a celui de l'article L.5124-2 qui impose que :

« toute entreprise qui comporte au moins un établissement pharmaceutique doit être la propriété d'un pharmacien ou d'une société à la gérance ou à la direction générale de laquelle participe un pharmacien [...] *les pharmaciens mentionnés sont dénommés pharmaciens responsables. »*

Mais ce pharmacien ne doit pas servir de simple prête-nom. Car le code en son article L.5124-3 impose aussi que :

« Les pharmaciens responsables ou les pharmaciens délégués doivent exercer personnellement leur profession. »

Autre critère important, il ne peut y avoir qu'une seule autorisation par activité et donc une par établissement. Ces autorisations à l'imitation de la licence pour l'officinal, n'ont pas une durée illimitée. Elles doivent aboutir effectivement à une mise en production dans un délai de 2 ans, faute de quoi elles deviennent caduques.

De même, l'établissement pharmaceutique qui s'est vu délivrer une autorisation doit en rendre compte à l'AFSSAPS chaque année avec un rapport dont la forme et les obligations sont déterminées par arrêté ministériel.

Les établissements pharmaceutiques doivent respecter les bonnes pratiques de fabrication qui sont définies par arrêté ministériel. Également, figurent des obligations de structures comme des locaux aménagés en fonction des contraintes des produits traités ; des moyens adaptés et sécurisés pour les productions ; des personnels qualifiés aptes à procéder aux opérations pharmaceutiques.

Pèsent aussi sur les établissements pharmaceutiques des obligations concernant l'existence obligatoire d'un département de contrôle de la qualité des produits avec des moyens *ad hoc* ; d'un système de documentation sur les fabrications ; d'un service de pharmacovigilance ; d'un service scientifique pour renseigner sur les médicaments produits.

Bien évidemment, certaines obligations spécifiques peuvent peser en sus en fonction de la nature de l'activité. Par exemple, les contraintes ne seront pas les mêmes dans une unité de fabrication que dans celles d'un dépôt de stockage de médicaments destiné aux activités des dépositaires. Il serait fastidieux de les détailler ici.

2. Quelques données statistiques

Pour conclure ce développement, quelques données statistiques issues des chiffres fournis par l'ordre national des pharmaciens : au 1er janvier 2009, on dénombrait 473 entreprises pharmaceutiques industrielles dont 7 laboratoires annexés à des officines ce qui recouvrait un total de 904 établissements pharmaceutiques (aussi bien sièges sociaux qu'unités de fabrication ou dépôts).

À cela s'ajoutent 221 établissements dédiés à la répartition, soit essentiellement des grossistes répartiteurs, des dépositaires, et des distributeurs en gros l'export.

À noter que ces chiffres sont en lente mais constante décrue depuis plusieurs années, ce qui traduit la lente mais inexorable concentration des activités pharmaceutiques auprès de grands groupes intégrés (cf. le chapitre 6 sur le médicament à ce propos).

Observons enfin que sauf sur des aspects secondaires comme les inspections conjointes, la compétence du suivi et du contrôle des établissements et entreprises pharmaceutiques n'est pas modifiée par la loi du 21 juillet 2009 sur la création des ARS. Cette compétence demeurera au niveau de l'AFSSAPS.

C. Création des laboratoires d'analyses de biologie médicale

Usuellement, les développements qui vont suivre ne figurent pas toujours dans les cours de droit pharmaceutique.

On accède, en effet, au métier de biologiste par deux filières : soit l'internat de médecine ; soit l'internat de pharmacie. La répartition fine entre ces deux voies d'accès dépend d'un arrêté ministériel pris annuellement après avis de la Commission nationale des études médicales (CNEM) et de la Commission nationale des études de pharmacie (CNEPH). Cet arrêté détermine d'ailleurs aussi les numerus clausus et les quotas de spécialité pour l'internat.

Toutefois, il semble difficile d'oublier le fait que les biologistes pharmaciens sont inscrits en section G de l'ordre national des pharmaciens, alors que les biologistes médecins relèvent de l'ordre des médecins. De même, rappelons que la « voie pharmacienne » est très importante dans l'accès à ce métier. En conséquence, on n'aperçoit guère ce pour quoi on n'y consacrerait pas une étude, même très limitée, dans le cadre de ce mémento.

1. Procédure d'autorisation

Le code de la santé publique en son article L. 6211-2 issu de la loi du 11 juillet 1975 dispose en effet que :

« Aucun laboratoire de biologie médicale ne peut fonctionner sans une autorisation administrative. »

Cette autorisation administrative est délivrée par les préfets de département. Elle est délivrée, un peu à l'imitation des autorisations des établissements pharmaceutiques, c'est-à-dire une autorisation par activité.

Ce sont les décrets pris en Conseil d'État n° 76-1004 du 4 novembre 1976 et n° 93-354 du 13 mars 1993 modifiant le premier qui déterminent le cheminement de ces demandes. Les règles contenues dans ces textes sont édictées après avis consultatif obligatoire de la commission nationale permanente de biologie médicale.

Sont notamment envisagées les questions liées au nombre minimum de directeurs et de directeur adjoints de ces structures en fonction de l'encadrement des personnels techniques du laboratoire et du niveau d'activité de ces mêmes laboratoires.

L'article L 6211-1 stipule d'ailleurs que :

« Les analyses ne peuvent être effectuées que dans les laboratoires d'analyses de biologie médicale sous la responsabilité de leurs directeurs et directeurs adjoints. »

Les autorisations délivrées comme pour une pharmacie d'officine par un arrêté préfectoral du préfet du département prévoient en instruction une vérification de paramètres techniques sur la qualité des locaux et des équipements prévus, et de qualification. Elles sont surtout vigilantes sur les questions de compétence des personnels effectuant les analyses. Ces autorisations peuvent faire l'objet d'un retrait (article 24 du décret) suite à un contrôle de l'inspection régionale de la pharmacie par exemple.

Mais surtout, aucun quota n'est prévu pour la création de ces laboratoires. On peut en théorie en implanter autant que l'on veut. Toutefois, ce sont les paramètres économiques qui arbitrent car l'investissement est de taille.

2. Le droit européen pourrait contraindre à changer les règles

Et à cet égard, suite à une mise en demeure adressée par la DG Markt de la Commission de l'Union européenne le 4 avril 2006 et laissée sans réponse par la France, une procédure en manquement a été entreprise contre la France et plusieurs autres États, d'ailleurs concernant ce secteur. De ce fait, la commission a adressé le 12 décembre 2006 à la France ce que l'on appelle un « avis motivé » faisant grief à notre pays de maintenir les dispositions propres aux sociétés d'exercice libéral (SEL-loi du 31 décembre 1990) et aux sociétés de participations financières de professions libérales SPFPL.

Ces dispositions ont pour effet d'empêcher, au contraire donc de ce qui est possible dans l'industrie, que des groupes capitalistiques de laboratoires se constituent car elles limitent la part possible des détenteurs non-biologistes du capital, sur le même modèle que pour les pharmacies. Concernant la biologie, des tiers non-biologistes ne peuvent détenir plus de 25 % de participation (article 6 de la loi du 31 décembre 1990). De plus, il est impossible de prendre plus de 2 participations dans une SEL. Et même si la loi du 11 décembre 2001 a modifié cette répartition pour que des professionnels investisseurs puissent détenir plus de 50 % du capital, ils ne peuvent néanmoins pas détenir la majorité des droits de vote.

La commission estime que ces limitations sont excessives et contreviennent aux principes de libre circulation des capitaux et d'établissement tels que définis à l'article 43 du traité CE.

La France s'efforce de répondre à ces critiques en pointant que ces restrictions sont fondées sur des questions de sécurité sanitaire et d'intérêt public.

La commission ne le voit pas ainsi et a maintenu son point de vue. En effet, on voit mal ce qui empêcherait les LABM de s'inspirer du dispositif existant pour l'industrie. Les motifs soutenus sur la nécessité de verrouiller le capital pour sauvegarder l'indépendance de la profession afin de mieux protéger les malades apparaissent à ses yeux surtout comme une mesure visant à protéger non pas les malades mais bien plutôt les intérêts pécuniers des biologistes eux-mêmes.

De ce fait, la France a entrepris, suite à un rapport de l'IGAS en 2006 dit rapport Lalande puis du rapport Ballereau, une réforme de la biologie médicale. Envisagée un temps dans la loi de santé Hôpital santé patient territoires (HSPT), la réforme a été désormais transférée vers un projet d'ordonnance, non stabilisé à l'heure de la rédaction du présent mémento.

Toutefois, les propositions aujourd'hui faites par la France semblent timides en regard des exigences de la Commission et pourraient ne pas être jugées suffisantes. Même si ces propositions pourraient étendre les possibilités de prise de participation de non-biologistes, il n'est pas certain qu'elles soient assez hardies pour répondre aux reproches d'entrave qui sont faits à l'actuel dispositif.

En effet, l'idée de dissociation de la liberté des capitaux d'avec les droits de vote afférents revient à institutionnaliser un principe paradoxal selon lequel celui qui paierait n'aurait pas le droit de commander ! De même, l'idée serait de proscrire une participation d'un LABM dans un autre. D'où un risque non négligeable de saisine de la CJCE par la Commission, avec une procédure d'infraction à la clef et de lourdes pénalités à suivre. Car cette procédure aurait déjà pu être entreprise, la Commission n'y ayant renoncé que du fait de la réforme en cours et des assurances données par la France pour réformer son système.

Cette question très sensible devrait trouver aboutissement courant 2009 au mieux, en 2010 sans doute. Toutefois, l'arrêt rendu le 19 mai 2009 par la CJCE sur le système propriétaire des pharmacies (cf. chapitre 3) pourrait freiner considérablement les ardeurs de la Commission dans ses assiduités pour les LABM français.

Quelques chiffres pour conclure sur les LABM : il existait au 1er janvier 2009 4 262 laboratoires d'analyse de biologie médicale libéraux dans lesquels exercent 5 177 biologistes pharmaciens. Il faut y ajouter 111 LABM outre mer. Notons enfin les 2 547 pharmaciens hospitaliers de biologie médicale exerçant dans les établissements publics de santé. Au total, 8 218 pharmaciens biologistes en France, soit une densité très acceptable. Surtout si on complète ces chiffres de pharmaciens biologistes par celui des médecins biologistes au nombre de 3 057 exerçant tant en public qu'en privé. Soit plus de 11 000 biologistes, c'est-à-dire une des plus belles densités au monde.

CHAPITRE 6

Les différents types de médicaments et la pharmacopée

Nous avons longuement parlé dans nos différents développements précédents des pharmaciens. Venons en désormais aux produits dont ils ont le monopole de fabrication et de diffusion : le médicament.

Il importera de définir les médicaments (I.), puis de voir à partir de quoi on les fabrique, et selon quelles règles, en exposant ce qu'est la pharmacopée et comment elle vit et fonctionne (II.).

I. Définition du médicament et types de médicaments

A. Définitions communes du médicament

L'article L. 5111-1 du CSP définit le médicament ainsi qu'il suit :

« On entend par médicament toute substance ou composition présentée comme possédant des propriétés curatives ou préventives à l'égard des maladies humaines ou animales, ainsi que toute substance ou composition pouvant être utilisée chez l'homme ou chez l'animal ou pouvant leur être administrée, en vue d'établir un diagnostic médical ou de restaurer, corriger ou modifier leurs fonctions physiologiques en exerçant une action pharmacologique, immunologique ou métabolique.

Sont notamment considérés comme des médicaments les produits diététiques qui referment dans leur composition des substances chimiques ou biologiques ne constituant pas elles-mêmes des aliments, mais dont la présence confère à ces produits, soit des propriétés spéciales recherchées en thérapeutique diététique, soit des propriétés de repas d'épreuve.

Les produits utilisés pour la désinfection des locaux et pour la prothèse dentaire ne sont pas considérés comme des médicaments ;

Lorsque, eu égard à l'ensemble de ces caractéristiques, un produit est susceptible de répondre à la fois à la définition du médicament prévue au premier alinéa et à celle d'autres catégories de produits régies par le droit communautaire ou national, il est, en cas de doute, considéré comme un médicament. »

Cette définition issue de la loi du 26 février 2007 est en réalité marquée par la transposition du droit communautaire. Notamment l'ajout complet du dernier alinéa de cet article destiné à contrebattre la commercialisation de ce que l'on appelle les « produits frontières ».

Si bien que cette définition est très extensive.

1. Typologie juridiques des médicaments

Un médicament, pour faire simple, a pour fonction de soigner une maladie ou en soulager les effets néfastes. Donc, pour qu'il y ait médicament, il faut que l'on soit en présence d'une maladie. Encore faut-il s'entendre sur ce que sont les maladies. Cette notion a varié avec le temps en fonction des connaissances scientifiques chaque jour un peu plus grandes.

Et, appliqué au médicament, ce n'est pas nécessairement l'académie de médecine qui dit ce que sont les maladies mais plus souvent le juriste, avec la jurisprudence, aussi bien nationale que communautaire (européenne).

Un exemple pour illustrer ce propos : un médicament coupe-faim combat-il les effets d'une maladie ou d'une simple « sensation » ?

La jurisprudence communautaire regarde le médicament selon deux définitions principales :

- Le **médicament par présentation** d'abord : présentation explicite pour un produit qui s'affirme comme médicament traitant telle ou telle affectation, présentation implicite comme pour certains produits ne se concevant pas nécessairement eux-mêmes comme tels mais qui peuvent bien avoir de tels effets. À noter que les considérer comme médicaments a pour visée de protéger le consommateur contre des produits frontières (barres vitaminées par exemple).
- Le **médicament par fonction** : il peut s'agir de produits non nécessairement conçus à la base comme des médicaments mais dont la science constate des effets curatifs

et préventifs inattendus certes, mais néanmoins prouvés ultérieurement par exemple. La dernière jurisprudence communautaire significative en ce domaine est l'arrêt du 15 novembre 2007 Commission c/ République fédérale d'Allemagne. Un produit en gélules et à base d'ail a été écarté de la liste des médicaments en Allemagne car considérés dans nombre d'États membres comme un simple produit alimentaire sans vertu thérapeutique particulière. Une fois encore, il s'agit de protéger le consommateur, en cette occurrence allemand, afin de lui éviter d'acheter un produit fort cher comme un médicament alors qu'il n'est au fond qu'un produit de consommation courante, sans que la science puisse lui accorder une vertu médicinale.

2. Classification des médicaments

Le droit pharmaceutique en France opère également plusieurs classements pour définir les différents médicaments. Ces classements sont avant tout des commodités pratiques d'étude.

- Une **classification juridique** tout d'abord, en fonction des conditions légales de dispensation. Il s'agit en particulier des produits qui ne peuvent se délivrer que sur prescription par ordonnance et dont l'inscription sur la liste est obligatoire. Les autres produits dits « hors liste » sont libres d'accès pour le public et doivent depuis 2003 avoir des indications voyantes de leurs prix. Le pharmacien est tenu à l'obligation de conseil par rapport à ces produits d'accès libre. Rappelons encore une fois, que le pharmacien officinal dispose du monopole légal de dispensation pharmaceutique.
- Une **classification selon les conditions de fabrication des produits dispensés**. Il faut en effet distinguer les préparations magistrales (à usage individuel et prescrites pour un seul malade) de plus en plus rares mais encore utilisées en dermatologie par exemple ou encore pour

des formes pharmaceutiques à usage pédiatrique, les préparations officinales déjà plus fréquentes (préparées en officine donc, mais selon des standards définis par la pharmacopée et donc à usages multiples), les spécialités pharmaceutiques avec, rappelons-le, quelques règles particulières pour les médicaments dits génériques (cf. *infra*) que certains auteurs classent d'ailleurs à part, ce qui ne se justifie pas selon nous. À noter que toute préparation magistrale doit être consignée sur un document appelé ordonnancier mentionnant le nom du prescripteur du patient et la formule intégrale.

- Un **classement selon le point de savoir si les médicaments sont remboursés ou non par l'assurance-maladie**. On a vu *supra* de quelle façon ces spécialités sont remboursées ou non. Notons au passage que le taux de TVA n'est que de 2,1 % pour les spécialités remboursables mais de 5,5 % pour celles qui ne le sont pas. Les spécialités remboursables représentent environ 70 % du chiffre d'affaire des officines.
- Une **classification selon les prix des médicaments**. Comme on le verra au prochain chapitre, nombre de médicaments voient leur prix fixé par le CEPS et font donc exception au droit classique de fixation des prix industriels, lesquels sont libres en vertu de l'ordonnance du 1er décembre 1986. Mais d'autres produits sont librement accessibles au public mais non remboursables par l'assurance-maladie (produits OTC : *over the counter*). Il existe aussi des produits à prescription médicale préalable mais non remboursés, comme par exemple le produit phare Viagra® et ses concurrents Levitra® ou Cialis® dont chacun connaît les propriétés. On citera aussi le cas des médicaments dits à réserve hospitalière délivrés directement par les PUI dans les établissements de soins hospitaliers tant publics que privés (voir chapitre 8).

B. Les spécialités pharmaceutiques et les génériques

Ces définitions et catégories juridiques sont certes fort utiles mais on doit à l'évidence ceci : **le médicament est d'abord et à 95 % ce que l'on appelle une « *spécialité pharmaceutique* »**, c'est-à-dire un produit industriel couvert par une AMM (cf. chapitre suivant).

1. Spécialité pharmaceutique

L'article L. 5111-2 du Code de la santé publique définit la « spécialité pharmaceutique » ainsi qu'il suit :

« On entend par spécialité pharmaceutique tout médicament préparé à l'avance présenté sous un conditionnement particulier et caractérisé par une dénomination spéciale. »

Précisons ensuite la notion de dénomination spéciale en citant l'article R.5121-2 du CSP qui la définit ainsi qu'il suit :

« Une dénomination spéciale est [...] Soit un nom de fantaisie original, soit une dénomination commune ou scientifique assortie d'une marque ou d'un nom de fabricant. Le nom de fantaisie peut se confondre avec la dénomination commune. »

Précisons enfin ce qu'est la dénomination commune (DC) en citant l'article R. 5121-1 du CSP :

« La dénomination commune internationale recommandée par l'OMS, à défaut la dénomination de la pharmacopée européenne ou française, ou, à défaut, la dénomination commune usuelle. »

Un seul exemple : le paracétamol.

2. Les médicaments génériques

Les médicaments génériques **sont également des spécialités pharmaceutiques**, mais d'une catégorie particulière. En effet, ce sont – pourrait-on dire – des « copies à bon marché » d'une spécialité pharmaceutique commercialisée, mais dont les droits de protection d'exclusivité par brevet sont épuisés.

Les génériques dupliquent en quelque sorte un médicament original appelé « médicament princeps » en adoptant pour le même principe actif et la même forme pharmaceutique une présentation différente, en général fort neutre et à moindre frais, tout ceci en s'affranchissant des lourds coûts de recherche permettant de mettre au point un nouveau médicament dont le service médical rendu soit un véritable progrès. Leur utilisation a pris une importance croissante depuis que les pharmaciens peuvent utiliser un « droit de substitution » (sur ces notions, voir chapitre suivant)

Le code de la santé les définit à l'article L.5121-1-5e ainsi qu'il suit :

« [...] *spécialité générique d'une spécialité de référence celle qui a la même composition qualitative et quantitative en principes actifs, la même forme pharmaceutique, et dont la bioéquivalence avec la spécialité de référence est démontrée par des études de biodisponibilité appropriées.* »

Les spécialités pharmaceutiques génériques sont un enjeu économique important qui sera décrit au paragraphe suivant. Retenons toutefois à ce stade que la réduction très significative des coûts, 50 % de moins la plupart du temps, permet de diminuer la facture de l'assurance-maladie. Mais elle permet aussi de diffuser des molécules à ce jour onéreuses dans le traitement de maladies malignes comme le SIDA pour les pays du tiers-monde peu ou mal approvisionnés.

Résumons-nous : les médicaments sont d'abord des préparations industrielles standard couvertes par une AMM et par une protection de brevet et de marque visant à soigner les maladies et leurs effets. On y reviendra longuement dans notre paragraphe suivant sur les spécialités pharmaceutiques ainsi que sur l'industrie pharmaceutique.

Mais les médicaments ne sont pas seulement des préparations industrielles standard.

Les 5 % de produits restant ont beau sembler minoritaires, ils n'en demeurent pas moins fondamentaux, et même souvent déterminants pour lutter contre les maladies, en particulier les plus malignes d'entre elles.

C. Les différents autres types de médicaments

De nombreux médicaments existent en dehors de l'industrie. Il s'agit pour l'essentiel de préparations magistrales faites « à façon » pour les malades atteints des maladies les plus graves que ce soit à l'officine ou dans les pharmacies à usage intérieure des établissements de soins (cf. chapitre 8 sur les PUI).

Même si le sujet est fort grave, on peut avec humour dire que ces médicaments sont la haute couture du médicament ; alors que les spécialités pharmaceutiques n'en seraient que le prêt-à-porter.

Détaillons les plus importants parmi ces médicaments au sens du CSP, et pas nécessairement dans l'ordre qu'il établit lui-même :

1. La préparation magistrale

Ces préparations magistrales sont les ancêtres des médicaments et marquent le début de ces produits de l'empreinte « officine ».

La préparation magistrale est ainsi définie à l'article L.5121-1-1° du CSP, dans sa rédaction nouvelle issue de la loi du 6 février 2007 :

« Préparation magistrale, tout médicament préparé extemporanément au vu de la prescription destinée à un malade déterminé soit dans la pharmacie dispensatrice, [...] soit dans une pharmacie à laquelle celle-ci confie l'exécution de la préparation [...] »

Bien que peu fréquentes, les préparations magistrales sont encadrées par les bonnes pratiques de préparation qui constituent un texte de référence opposable aux pharmaciens d'officine et aux pharmaciens hospitaliers avec pour but de garantir la qualité de ces préparations.

2. La préparation officinale

Cette préparation est définie au 3e de l'article L.5121-1 :

« Préparation officinale, tout médicament préparé en pharmacie inscrit à la pharmacopée ou au formulaire national et destiné à être dispensé directement aux patients approvisionnés par cette pharmacie. »

On le comprend, il s'agit pour l'officinal de reproduire localement un produit standard déjà répertorié et sans surprise. Par exemple, de l'eau oxygénée. Cette préparation officinale se distingue nettement de la préparation magistrale car c'est un médicament préparé à l'avance à destination de tous les patients et non pas « à façon » pour un seul patient et sur prescription médicale. Ces préparations officinales sont très rarement des produits sur prescription mais cela n'est pas exclu, notamment si une substance est soumise aux règles concernant les substances vénéneuses inscrites à la pharmacopée.

3. Le produit officinal divisé (POD)

Ce médicament est défini au 4e de l'article L.5121-1 :

« Produit officinal divisé, toute drogue simple, tout produit chimique ou toute préparation stable décrite à la pharmacopée préparés à l'avance par un établissement pharmaceutique et divisés, soit par lui, soit par la pharmacie d'officine qui le met en vente, soit par une PUI [...]. »

Avant d'être ainsi défini, le POD ne se trouvait que dans la partie réglementaire du CSP selon un décret datant de 1962. L'existence du POD est donc antérieure à la définition légale de la préparation officinale.

Les POD sont fabriqués par un établissement pharmaceutique industriel autorisé, et sont éventuellement « divisés » par le pharmacien avant dispensation. Ils sont vendus en officine sous la responsabilité du pharmacien.

Ils portent comme dénomination l'appellation sous laquelle ils figurent à la pharmacopée ou au formulaire national. Leur conditionnement comporte nom et adresse du pharmacien et non pas celui du fabricant. Une liste limitative officielle précise quels sont les seuls produits habilités à être divisés.

4. Le médicament traditionnel à base de plantes

Ces médicaments essentiellement dispensés en officine sont définis au CSP au 16e du L.5121-1 ainsi qu'il suit :

« Médicament à base de plante, tout médicament dont les substances actives sont exclusivement une ou plusieurs substances végétales ou préparations à base de plantes ou une association de plusieurs substances végétales ou préparations à base de plantes. »

Ces médicaments sont conçus pour être dispensés sans prescription médicale et nombre d'entre eux figurent dans la liste dressée par l'AFSSAPS pour ce que l'on appelle les médicaments

« devant le comptoir » dans les officines pouvant faire l'objet de l'automédication.

Ils sont donc loin d'être aussi anodins, ce d'autant que leur confection correspond aussi à une stratégie commerciale visant à répondre à une mode dite « *new age* » combinée aux nouveaux réflexes écologiques consistant à se soigner exclusivement par les plantes.

5. La préparation hospitalière

Ces médicaments qui font l'objet d'une déclaration à l'AFSSAPS sont parmi les plus importants aujourd'hui malgré leur nombre en apparence réduit.

Ce sont des préparations de molécules dites « onéreuses » – c'est-à-dire le plus souvent hors liste dans la T2A (tarification à l'activité) – qui s'adressent aux malades les plus atteints, et plus particulièrement en traitement de chimiothérapie pour les anticancéreux. La plupart du temps, ces préparations effectuées par les pharmaciens des PUI sont à usage interne, surtout pour la dispensation des anticancéreux en « ambulatoire ».

Le code de la santé publique d'ailleurs ne se trompe guère sur leur importance puisqu'il classe ces préparations au 2e du 5121-1 et les définit ainsi qu'il suit :

« Préparation hospitalière, tout médicament, à l'exception des produits de thérapie génique ou cellulaire préparé selon les indications de la pharmacopée ou en conformité avec les bonnes pratiques (normes) mentionnées à l'article L. 5121-5, en raison de l'absence de spécialité pharmaceutique disponible ou adaptée dans une PUI d'un établissement de santé […] »

À noter l'importance des « bonnes pratiques » dans le traitement des affections de longue durée (ALD) car c'est à partir d'un encadrement aussi normé que possible de la dispensation que l'on peut faire progresser la recherche sur une grande série de malades.

Afin de ne pas alourdir les descriptions ultérieures, notons que c'est principalement sous forme de préparation hospitalière que l'on fabrique des médicaments expérimentaux définis au CSP pour les maladies dites « orphelines ». Ces médicaments sont destinés à des malades dont l'affection ne concerne qu'une poignée d'individus par maladie (critère définis par la réglementation de l'Union européenne à pas plus de 5 personnes pour 10 000) et pour lesquels les conditions de rentabilité ne permettent pas qu'un établissement pharmaceutique puisse opérer « à façon » (exemples : maladie de Huntington, leucodystropie, ou encore tétralogie de Fallot).

6. Les préparations de thérapie génique et les préparations de thérapie cellulaire xénogénique

Ces préparations sont encore récentes et correspondent aux avancées de la recherche médicale. S'agissant de la thérapie génique, ces médicaments sont dans la focale des médias du fait du téléthon et des efforts importants portés sur ces produits afin de contrebattre les maladies génétiques au premier rang desquelles figure la mucoviscidose.

Schématiquement, **la thérapie génique** consiste à utiliser de l'ADN humain que l'on appelle « recombinant ». L'objectif est en quelque sorte de changer des gènes défectueux dans une cellule infectée du malade avec production de protéines qui serviront la stratégie thérapeutique.

Le CSP les définit au L.5121-1-13 comme suit :

« Préparation de thérapie génique tout médicament autre que les spécialités pharmaceutiques et les médicaments fabriqués industriellement à l'article L. 5121-8, servant à transférer du matériel

génétique et ne consistant pas en des cellules d'origine humaine ou animale. »

La **thérapie cellulaire xénogénique** ne se différencie du principe énoncé ci-dessus que sur un point essentiel : le matériel génétique qui va être utilisé pour la préparation à injecter au malade va provenir de cellules **prélevées sur un animal**. Ces préparations sont elles aussi souvent dans la focale de l'actualité pour des raisons essentiellement éthiques ou religieuses, de nombreuses personnes jugeant immorales ou démiurgiques ce type de pratique.

Pourtant, cette pratique apparaît scientifiquement pertinente puisque l'évolution (Darwin) conduit à ce que tous les primates descendent du même mammifère originel ; et que nos patrimoines génétiques ont beaucoup en commun entre créatures.

Ceci dit, au-delà des préventions éthiques ou religieuses, le mythe de Frankenstein affleure ; les anticipations sur les mondes et les créatures mutantes telles que nous les livrent les grands auteurs de science-fiction, aussi.

Au-delà de ces considérations, le CSP définit ces préparations à l'article L.5121-1-13 ainsi qu'il suit :

« Préparation de thérapie cellulaire xénogénique tout médicament autre que les spécialités pharmaceutiques et les médicaments fabriqués industriellement mentionnés à l'article L.5121-8, consistant en des cellules d'origine animale et leurs dérivés utilisés à de fins thérapeutiques, y compris les cellules servant à transférer du matériel génétique quel que soit leur niveau de transformation. »

7. Le médicament radiopharmaceutique

On entre là dans des domaines extrêmement techniques et précis de la médecine combinant pharmacie, médecine, recherche médicale et machines d'imagerie médicale complexe où parfois l'ingénieur peut prendre le pas sur le thérapeute.

Ce type de médicament est utilisé presque exclusivement dans les PUI. Ces médicaments servent à la radiothérapie dont l'importance est, avec la chimiothérapie, capitale dans les traitements anticancéreux.

Ce sont des médicaments très surveillés puisqu'ils contiennent des éléments radioactifs ou radionucléides en eux-mêmes dangereux et les accidents radiothérapiques au centre hospitalier d'Épinal en 2007 ou au CHU de Toulouse en 2008 ont conduit à en renforcer la surveillance.

Le CSP les définit à l'article L.5121-1-7e ainsi qu'il suit :

« Médicament radiopharmaceutique, tout médicament qui, lorsqu'il est prêt à l'emploi, contient un ou plusieurs isotopes radioactifs, dénommés radionucléides, incorporés à des fins médicales. »

8. Le médicament homéopathique

Médicament simplement placebo pour les uns, supercherie pharmaceutique pour d'autres, ou principe actif peu agressif et pourtant très efficace pour d'autres encore, les médicaments homéopathiques sont au cœur d'une controverse scientifique que ce mémento n'entend pas trancher.

On se bornera à en donner la définition telle qu'elle figure à l'article L.5121-1-11e du CSP :

« Médicament homéopathique, tout médicament obtenu à partir de substances homéopathiques (souches) selon un procédé de fabrication homéopathique (dilution hahnemannienne) décrit par la pharmacopée européenne, la pharmacopée française ou, à défaut, par les pharmacopées utilisées de façon officielle par un État membre de l'UE. »

II. Les pharmacopées française et européenne

On vient de voir dans le chapitre 1 des références fréquentes à ce que l'on appelle « la pharmacopée ». Il est indispensable de consacrer un développement précis sur cet aspect essentiel de la pharmacie.

En fonction des textes connus à ce jour, c'est le grec Diogène de Laërce qui emploie pour la première fois au IIIe siècle avant J.-C. le terme de pharmacopée. Il lui donne le sens de « art de préparer des médicaments ».

Aujourd'hui, le sens ancien s'est quelque peu modifié.

A. Définition des pharmacopées

La pharmacopée consiste en l'élaboration de règles communes et admises par la communauté scientifique pharmaceutique permettant de définir ou décrire plantes et produits pharmaceutiques. Définir de façon précise des spécifications communes et reconnues pour les produits à usage pharmaceutique est donc une façon de participer à la protection de la santé publique.

C'est la raison pour laquelle la pharmacopée est bien évidemment définie dans le code de la santé publique dont il convient de rappeler les définitions essentielles :

L. 5112-1 (ordonnance n° 2000-548 du 15 juin 2000) :

« La pharmacopée comprend les textes de la pharmacopée européenne et ceux de la pharmacopée française. Elle est préparée, rendue obligatoire et publiée dans des conditions fixées par décret en Conseil d'État. »

R. 5112-1 (décret n° 2004-802 du 29 juillet 2004) :

« La pharmacopée mentionnée à l'article L. 5112-1 est un recueil comprenant :

1°. La nomenclature des drogues des médicaments simples et composés, des articles officinaux ;

2°. Une liste des dénominations communes des médicaments ;

3°. Les tableaux de posologie maximale et usuelle des médicaments

[...]. »

La pharmacopée se présente donc comme un ouvrage réglementaire qui est utilisé par les professionnels de santé qui préparent des médicaments à usage tant humain que vétérinaire. Les règles qui y sont contenues, régulièrement remises à jour, doivent être prises en compte pour l'élaboration des produits. La pharmacopée définit des critères de pureté des matières premières entrant dans la composition des médicaments et les méthodes d'analyse à utiliser pour en assurer le contrôle.

Actuellement, il existe deux pharmacopées utilisées par les pharmaciens de notre pays :

- La **pharmacopée européenne** est issue d'une politique européenne très ancienne sur le médicament et sur la pharmacie en général. Pour la pharmacopée, il s'agit de la convention élaborée sous l'égide du Conseil de l'Europe (et non pas de la Commission UE au départ) du 22 juillet 1964. Puis l'Union européenne s'est jointe à ladite convention le 16 novembre 1989 via un protocole additionnel entré en vigueur le 1er novembre 1992. Aujourd'hui cette politique rassemble 35 États européens, soit plus que l'UE elle-même et est administrativement gérée par l'UE. Elle est formalisée et définie par la décision 94/358/CE du 16 juin 1994 pour tous ses membres. Elle dispose pour travailler d'une Commission européenne de pharmacopée qui prépare et adopte les « monographies » (cf. *infra* définition) qui composent la pharmacopée. Cette commission est placée sous la tutelle du comité de santé publique de l'Union européenne même si elle ne dispose pas du pouvoir d'interférer dans les contenus techniques. Cette pharmacopée européenne permet donc de partager un grand nombre de définitions communes parmi les pays de l'Europe. Elle est donc totalement applicable réglementairement pour ses membres.

- La **pharmacopée française**, actuellement la 10e édition, complète la pharmacopée européenne. Elle est donc composée à la fois des textes de pharmacopée européenne applicables ainsi que définis *supra*, mais aussi d'autres textes qui sont d'application purement française. Depuis 1998, la pharmacopée se compose de 3 classeurs principaux et sa dernière remise à jour remonte à 2005. On en prépare actuellement une autre d'ailleurs, tant les progrès scientifiques et les nouvelles découvertes sont nombreuses. Plus ou moins à l'imitation de ce qui existe au plan européen, la pharmacopée française est gérée par une Commission nationale de la pharmacopée composée de 37 membres. C'est l'AFSSAPS qui en assure le secrétariat permanent (cf. *supra* paragraphe 4).

B. La constitution des pharmacopées

Pour constituer cet ouvrage réglementaire qu'est la pharmacopée, les scientifiques procèdent par publication au *Journal officiel* (soit européen, soit français selon la pharmacopée visée) sous forme d'arrêtés de ce que l'on appelle des monographies qui décrivent chacune des parties de la pharmacopée.

Selon la définition précise de l'AFSSAPS :

« *Une monographie est composée d'un ensemble de spécifications qui définissent les caractéristiques qualitatives et quantitatives d'une substance en vue d'assurer une qualité optimale compatible avec les exigences de santé publique.* »

Il ne suffit pas d'écrire une monographie pour qu'elle ait valeur scientifique. En réalité les monographies sont soumises à une procédure précise de mise en enquête publique que l'on appelle « Notes techniques *pro pharmacopea* ».

Elles sont publiées au *JO* après supervision de la commission nationale de la pharmacopée sous forme d'un « avis d'instruction ». Ce qui signifie que ces textes sont soumis au public pour commentaires. Naturellement, il ne peut s'agir que d'un public scientifiquement éclairé. Leurs observations sur les projets de monographies doivent parvenir dans un délai de 3 mois à compter de la publication au *JO*. Ces projets peuvent donc parfaitement être modifiés en cas d'observations fondées.

Afin d'illustrer ce propos d'exemples, notre lectorat est invité à se reporter au *Journal officiel* du 4 janvier 2006 où un avis d'instruction propose de supprimer 40 monographies précédentes de la pharmacopée avec une date butoir pour les observations jusqu'au 4 avril 2006. Au *Journal officiel* du 8 avril 2006, un avis d'instruction de projets de monographie soumet aux observations 12 projets de préparations homéopathiques avec toujours un délai de 3 mois.

La pharmacopée de façon plus précise comprend à la fois une liste des dénominations communes et scientifiques des substances (DCF) ainsi qu'une liste des plantes médicinales, laquelle comprend deux parties :

- Une liste des plantes médicinales utilisées traditionnellement (liste A).

- Une liste de produits dont les effets indésirables potentiels peuvent s'avérer plus importants que les effets bénéfiques escomptés (liste B).

La définition de la pharmacopée pour une plante médicinale est la suivante :

« *Les plantes médicinales sont des drogues végétales qui peuvent être utilisées entière ou sous forme d'une partie de plante et qui possèdent des propriétés médicamenteuses.* ».

Cette liste de plantes médicinales qui est donc divisée dans la pharmacopée en tableaux et structurée en 2 parties comprend à ce jour :

- Liste A : 326 plantes.
- Liste B : 113 plantes.

On notera que dans la précédente version, la liste A comprenait 454 plantes et la liste B, 79. On comprend que certains produits sont jugés aujourd'hui sans grand effet voire d'effet insignifiant et sortent de la liste du tableau A ; ou au contraire on finit par découvrir leurs effets indésirables et ils passent en liste B.

De toutes les façons, ceci est très évolutif en fonction des progrès de la science. On a recensé aujourd'hui un peu plus de 350 000 végétaux décrits et répertoriés scientifiquement. Or, on croit pouvoir supposer que l'on a ainsi décrit moins de 5 % des végétaux de la planète. C'est dire combien la pharmacopée sera conduite à d'importantes amodiations.

Ces changements sont d'autant plus importants qu'on estime qu'aujourd'hui, entre 40 et 70 % des produits pharmaceutiques proviennent de substances naturelles. On n'en citera qu'un seul exemple pour illustrer : le « taxotère » qui est considéré comme très efficace contre le cancer du sein et contre celui de la prostate est un extrait des feuilles de l'if commun.

On notera aussi que les deux pharmacopées, européenne et française, n'ont pas de caractère étanche l'une par rapport à l'autre. Ainsi, certaines monographies publiées sous forme européenne peuvent avoir pour effet d'annuler purement et simplement des monographies jusqu'alors nationales.

On observera enfin qu'il existe d'autres pharmacopées de grand renom dans le monde. On citera plus particulièrement la pharmacopée américaine dont les procédures sont très proches des nôtres, mais aussi la pharmacopée chinoise et la pharmacopée japonaise dont les niveaux de sérieux scientifiques peuvent se comparer.

Chapitre 7

Autorisation de mise sur le marché (AMM) et procédures liées aux médicaments

Nous venons de définir ce qu'étaient les médicaments à usage humain.

Rappelons d'emblée qu'un médecin doit gérer un volumineux répertoire constitué de plus de 3 000 médicaments différents, dont 500 d'utilisation courante. Il doit donc régulièrement se tenir informé, service apporté par les visiteurs médicaux des laboratoires mais aussi des revues et la formation médicale continue (FMC). Le dictionnaire de médicaments Vidal est la source d'information la plus commune, sa source de financement étant les laboratoires.

Mais ces « produits pas comme les autres » sont des marchandises administrées et font légalement l'objet d'une autorisation de mise sur le marché (**AMM**) dont le régime est géré en France par l'AFSSAPS.

Sachant que ce régime d'autorisation dans lequel le droit européen interfère en permanence conditionne et rythme en grande partie l'industrie pharmaceutique qui est une puissance importante dans notre pays (voir chapitre 10).

Autoriser la mise sur le marché est une chose, mais il reste à fixer le prix du médicament, à déterminer si on le rembourse par l'assurance-maladie ou pas et enfin à évaluer son service médical rendu aux malades (**SMR**)

I. Le médicament et son régime d'autorisation, rappel historique

Pendant longtemps dans notre pays – et bien sûr encore aujourd'hui – le médicament n'a pas été et n'est pas considéré comme un produit ordinaire et anodin. Il était préparé et dispensé par les officines, lesquelles disposent du monopole de délivrance pharmaceutique. La notion même de série industrielle des médicaments ne commence guère à se poser que dans la première partie du XIXe siècle. C'est à ce moment-là que la fabrication des médicaments commence à se faire indépendamment de l'officine.

Avec un souci de protection et de contrôle d'autant plus amusant que cette industrie naissante aura pour principal avantage précisément de ne disposer d'aucun contrôle efficace ! Il faut garder à cet égard en mémoire l'article 5 de la loi du 5 juillet 1844 qui excluait de la « brevabilité » des produits industriels les « compositions ou remèdes de toute espèce » du fait de leur « incompatibilité entre une composition utile à l'humanité et une exploitation exclusive au profit d'un seul ». Il faut attendre la loi du 11 septembre 1941 pour qu'une protection d'une durée limitée de 6 ans soit mise en place avec la création des « visas », ancêtre administratif des autorisations de mise sur le marché (AMM) apparues en 1972. Le premier brevet proprement dit apparaît seulement dans l'ordonnance de 1959 avec le « brevet spécial du médicament ». Ce brevet ne protégeait les inventeurs d'une nouvelle molécule que pour 3 ans. Et encore, cette protection était toute relative car la puissance public se réservait le droit de faire exploiter une découverte différemment en cas de nécessité absolue pour les malades (monopole abusif, prix trop élevé, quantité rationnée...). Observons d'ailleurs que si le gouvernement a agi par ordonnance, c'est que le Parlement rétif n'aurait peut-être pas consenti à voter une loi allant dans ce sens.

C'est une loi du 2 janvier 1968 qui a en quelque sorte « régularisé » les produits pharmaceutiques en permettant un brevet qui protégeait 20 ans. Mais on a conservé le vieux principe de l'ordonnance de 1959 permettant à la puissance publique de faire exploiter différemment que par l'inventeur une innovation thérapeutique. Cette disposition n'a d'ailleurs jamais été appliquée en France même si elle avait failli l'être en 1988 pour la commercialisation du RU 486, médicament abortif (mifegyne).

Reste que toutes ces hésitations sont illustratives d'un fait : même si on cherche à aligner le médicament sur les autres produits industriels avec protections et brevets pour la propriété intellectuelle, on comprend bien que le médicament n'est pas un produit comme un autre. Tout est encadré dans sa conception par une batterie de réglementations très contraignantes (notamment les bonnes pratiques de laboratoire – BPL – et les bonnes pratiques de fabrication – BPF) Elles peuvent se comprendre, en dépit de leur lourdeur, puisque le consommateur final est un malade.

C'est sous l'impulsion, notamment depuis la directive de 1965 déjà citée, du droit européen et des crises successives de sécurité sanitaire qu'a pu se forger un droit des autorisations de mise sur le marché pour les médicaments. Celle-ci a connu quelques dernières modifications en 2007 et en 2008.

II. La procédure d'autorisation de mise sur le marché (AMM)

On reproche assez souvent à la procédure actuelle d'autorisation et de prise en charge du médicament d'être complexe et de manquer de transparence. Parfois à juste titre. Sa complexité est d'ailleurs telle qu'il sera choisi d'en présenter une version simplifiée et épurée dans le présent memento.

L'instance principale qui est en charge de cette procédure en France est – on l'a vu au chapitre 3 – l'Agence française de sécurité sanitaire des produits de santé (**AFSSAPS**). Elle gère la procédure proprement nationale de l'AMM. Mais au-delà, une procédure européenne existe dans laquelle est impliquée l'instance nationale de ou des États membres de l'Union européenne.

A. L'AMM, définition juridique

L'AMM, comme toute autorisation en droit français, est **une décision administrative unilatérale créatrice de droit**. Son obtention n'est pas un dû. Elle peut naturellement être refusée. Auquel cas, le justiciable ayant intérêt à agir pourra toujours contester ce refus devant la juridiction administrative.

Cette autorisation n'est pas forcément plénière et peut parfaitement comporter des restrictions ou des réserves notamment pour ce qui concerne les conditions de prescriptions ou d'emploi. On le comprend aisément vu la nocivité de plusieurs produits (curare par exemple) composant certaines spécialités pharmaceutiques.

La définition précise pour notre pays de l'AMM se trouve décrite à l'article L. 5121-8 du CSP et a été actualisée par la loi du 26 février 2007 (*op. cit.*) :

« *Toute spécialité pharmaceutique, ou tout autre médicament fabriqué industriellement au selon une méthode dans laquelle intervient un processus industriel ainsi que tout générateur, trousse, précurseur qui ne fait pas l'objet d'une AMM délivrée par l'UE* [...] *doit faire l'objet, avant sa commercialisation ou sa distribution à titre gratuit, d'une autorisation de mise sur le marché (AMM) délivrée par l'AFSSAPS* [...]. »

Pour obtenir une AMM pour un produit nouveau, le demandeur doit démontrer que son produit est d'une bonne qualité pharmaceutique et thérapeutique en regard des objectifs affichés, et que son introduction ne présente aucun risque pour les malades.

Dans les faits, il est peu exigé d'apport nouveau ou de service médical rendu aux malades. D'aucuns soutiendront en effet qu'il est seulement exigé que le produit nouveau remplisse des conditions qui, plutôt que de soigner, s'attachent à ne pas nuire !

On le déduit, presque a contrario, des termes de l'article L. 5121-9 du CSP qui fixent les conditions d'un éventuel refus de l'AMM :

« [...] *est refusée lorsqu'il apparaît que l'évaluation des effets thérapeutiques positifs du médicament ou produit au regard des risques pour la santé du patient ou la santé publique liés à sa qualité, à sa sécurité ou à son efficacité n'est pas considérée comme favorable, ou qu'il n'a pas la composition qualitative et quantitative déclarée, ou que l'effet thérapeutique annoncé fait défaut ou est insuffisamment démontré par le demandeur. Elle est également refusée lorsque la documentation et les renseignements fournis ne sont pas conformes au dossier qui doit être présenté à l'appui de la demande.* »

Au-delà, de ces conditions scientifiques, le demandeur doit naturellement se soumettre à des conditions de forme pour la présentation de son dossier. C'est notamment le cas de la norme CTD qui est une présentation standard, d'ailleurs utilisée dans d'autres pays hors Union européenne. Il doit en tout état de cause être conforme à la directive européenne 2004/27/CE opérationnelle en France depuis 2008.

Certains dossiers peuvent comporter plusieurs centaines, voire plusieurs milliers de pages, et en particulier ce qui doit démontrer la conformité à la pharmacopée ou encore les essais cliniques.

B. Autoriser la mise sur le marché du médicament via la procédure nationale

Le laboratoire pharmaceutique demandeur doit obtenir l'autorisation de mise sur le marché (AMM) accordée par l'AFSSAPS (L.5121-8 CSP), ce qui ne préjuge pas de son remboursement par les régimes de Sécurité sociale.

La procédure s'appuie en particulier sur les avis de la Commission d'autorisation de mise sur le marché (cf. chapitre 3). Ces procédures nationales ne sont plus les procédures les plus utilisées car les grands laboratoires veulent pouvoir diffuser leurs produits à une plus grande échelle que celle d'un seul pays.

Dès après le dépôt de la demande, l'AFSSAPS peut demander des compléments de dossier pour mieux éclairer sa décision. Une fois le dossier déclaré complet, l'AFSSAPS se prononce dans un délai de 120 jours.

Le demandeur, une fois son autorisation obtenue, dispose d'un **délai de 3 ans** pour exécuter son contenu. En cas de carence de sa part, son autorisation devient caduque. Il en est d'ailleurs de même quand une spécialité pharmaceutique cesse pendant plus de 3 ans d'être diffusée.

Lorsqu'elle est délivrée, l'AMM offre au laboratoire une **protection de 10 ans pour exploiter son produit**. Cette protection a pour effet d'interdire toute tentative de dupliquer le produit par un générique au cours de cette période.

La loi du 26 février 2007 (*op. cit.*) a modifié les conditions de validité des AMM. Auparavant, une AMM était délivrée pour 5 ans et renouvelée par périodes quinquennales. Désormais, elle est toujours revue au bout de 5 ans, mais peut se voir prolongée sans limitation de durée. Ceci posé, l'AFSSAPS se réserve le droit de revoir les AMM à tout moment, car celles-ci sont soumises à un suivi scientifique toujours susceptible de les remettre en cause.

Seulement 5 à 10 % des demandes d'AMM se soldent par un refus définitif ; car dans la pratique la notion de base semble être l'absence d'infériorité du produit comparé à l'existant. Ce qui est un critère très critiqué d'ailleurs par nombre d'associations d'usagers ou de malades.

À noter que 80 % des ressources de l'AFSSAPS sont constituées des redevances obligatoires versées par les laboratoires ou établissements pharmaceutiques assimilés. D'aucuns n'hésitant d'ailleurs pas à expliquer ceci par cela. C'est un pas que nous ne franchirons pas car ce serait faire fi bien facilement de la probité et du sens de service public des instances de l'AFSSAPS.

Le rôle de l'AFSSAPS ne se limite pas à la procédure nationale mais elle est également impliquée dans les procédures européennes que nous allons examiner ci-après.

C. Autoriser la mise sur le marché du médicament via les procédures européennes

Rappelons qu'il existe une agence européenne du médicament qui est chargée de gérer les procédures européennes dites « centralisées » et ceci depuis le règlement CEE du Conseil en date du 23/09/1999.

Ces procédures sont utilisées quand un laboratoire veut diffuser son produit dans plusieurs états de l'UE. Il existe aussi une procédure européenne gérée par les instances nationales des États dite « de reconnaissance mutuelle ». Cette procédure consiste à s'appuyer sur la directive 726/2004/CE du 31 mars 2004 en déposant un dossier dans un État en précisant cette procédure. Selon les cas, la procédure européenne doit impérieusement être utilisée ; selon d'autres, elle n'est qu'une possibilité.

Nous examinerons donc successivement la procédure centralisée gérée par l'Agence européenne du médicament et celle dite de reconnaissance mutuelle qui elle est gérée par l'État membre, et en l'occurrence pour la France, l'AFSSAPS ou encore la procédure dite « décentralisée » qui implique tous les États de l'UE à la fois et dans laquelle l'AFSSAPS est également impliquée.

1. La procédure « centralisée »

Le demandeur a pour objectif de faire diffuser simultanément un produit dans un très grand nombre d'États membres de l'UE. Il a intérêt ou obligation selon le type de produits d'utiliser une procédure européenne dite « centralisée » qui est supposée plus souple et moins contraignante que certaines procédures d'États membres.

La demande se fait devant l'agence européenne du médicament qui comprend parmi 4 comités permanents un « comité des médicaments à usage humain » composé de représentants des États Membres (un titulaire et un suppléant par État membre). À l'imitation de ce que l'on a vu pour l'AFSSAPS, c'est ce comité qui joue un rôle prépondérant dans l'examen des demandes et plus particulièrement pour l'évaluation du produit.

La durée de l'avis de l'agence ne prend pas moins de 90 jours et peut aller jusqu'à 210 jours (on note que c'est largement plus que les 120 jours de notre procédure nationale). L'agence informe rapidement le demandeur si son dossier ne convient pas ou si par exemple il est incomplet. Le demandeur peut alors faire une requête complémentaire et l'Agence doit lui répondre sous 60 jours après sa réponse.

Une fois évalué par son comité, l'agence transmet un avis définitif à la commission pour décision. C'est la commission et ses services qui auront la charge de rédiger un projet de décision dans un délai de 15 jours suivant réception de l'avis. Ce projet de décision est alors communiqué au demandeur et aux États membres. Ces derniers ont 22 jours pour présenter leurs observations. Puis, sauf requête nouvelle devant un comité permanent (cf. *infra*), la décision d'AMM est alors prise.

2. La procédure de « reconnaissance mutuelle » et la procédure « décentralisée »

Ces deux procédures, assez proches bien que distinctes l'une de l'autre, sont opérationnelles en France depuis 2008. Elles découlent de la directive 2004/27/CE du 31 mars 2004 qui a été transposée par un décret du 26 décembre 2007.

Dans les deux cas, l'objectif est de pouvoir disposer d'une AMM dans plusieurs états membres sans utiliser la procédure centralisée gérée par l'Agence européenne.

Mais ces deux procédures impliquent un niveau élevé de coopération entre États membres d'où la mise en place au niveau européen d'un groupe de coordination chargé spécifiquement d'examiner toute difficulté survenant sur un médicament dans au moins plus d'un État membre. Composé d'une personne par États membre, c'est ce groupe qui va trancher dans les choix à opérer et que l'on va décrire *infra*.

Ce qui différencie les deux procédures, c'est que :

- Dans le cas de la procédure « décentralisée » **aucune AMM n'existe dans aucun État membre** pour le produit considéré. Ce qui explique que le demandeur va devoir déposer son dossier identique dans chacun des États où il veut diffuser son produit. Mais alors le demandeur va demander à l'un des États membres d'être « l'État membre de référence », c'est-à-dire celui chargé de faire le rapport relatif au médicament à l'imitation de ce qu'il ferait pour sa propre procédure nationale.
- Dans le cas de la procédure « de reconnaissance mutuelle », **il existe déjà une AMM pour ce produit dans un des États membres**. *Ipso facto*, c'est en général l'État membre dans lequel existe une AMM qui va être « État membre de référence ».

Pour mieux faire comprendre ces procédures, illustrons-les avec deux exemples et imaginons ce que fera l'AFSSAPS qui va être sollicitée par un demandeur. Le mécanisme de ces procédures est décrit à l'article L.5121-51 du CSP.

- Procédure décentralisée (donc aucune AMM existante dans un État membre de l'UE) : le demandeur choisit l'AFSSAPS et donc la France comme État membre de référence. L'AFSSAPS va appliquer sa propre procédure nationale en transmettant dans un délai de 120 jours un rapport d'évaluation et une proposition de décision. Si tous les États membres concernés approuvent le rapport d'évaluation scientifique du produit, l'AFSSAPS va délivrer (ou parfois refuser !) l'AMM. Cette décision vaudra dans chacun des États membres concernés. Si un désaccord existe entre États membres sur le rapport scientifique d'évaluation, c'est le groupe de coordination qui, saisi par l'État membre de référence, va trancher.

- Procédure de reconnaissance mutuelle (donc une AMM existe déjà dans un État membre de l'UE) : le demandeur a choisi un autre État que la France comme « État membre de référence » et souhaite la reconnaissance de son AMM dans notre pays pour diffuser son produit. Le titulaire de l'AMM va déposer une demande auprès de l'AFSSAPS visant à l'étendre. Le directeur de l'AFSSAPS va recevoir de « l'État membre de référence » le rapport d'évaluation qui équivaut à ce qu'il aurait fait préparer pour sa procédure nationale. Il dispose alors de 90 jours pour dire si ce rapport lui convient ou non. S'il est d'accord, il en informe l'État membre de référence et si tous les États membres concernés par la demande sont aussi d'accord, il va délivrer l'AMM pour ce produit en France. S'il est en désaccord avec le rapport d'évaluation scientifique, il le notifie à l'État membre de référence, aux autres États membres concernés par la demande et au demandeur. Auquel cas le groupe européen de coordination sera comme pour l'exemple précédent activé afin de débloquer la situation.

Selon le rapport d'activité de l'AFSSAPS, 1300 AMM ont été délivrées sur le territoire national en 2008 dont 762 selon la procédure nationale et 538 selon les procédures européennes. Parmi celles-ci, 158 selon la procédure centralisée, 224 selon la procédure décentralisée et 156 au titre de la reconnaissance mutuelle.

Mais au-delà, l'enjeu pour les grands laboratoires à vocation mondiale est de diffuser les produits sur toute la planète.

Pour les États-Unis, il faut déposer un dossier équivalent à ce que serait un dossier AFSSAPS ou AEME auprès de la « *food and drug administration* » (FDA) et pour le Japon au « *Kosheisho* ».

Il existe même une procédure mondiale en cours de finalisation et d'amélioration appelée ICH (international conference on harmonization) qui permettra de diffuser dans tous les pays. La mondialisation naturellement concerne donc aussi cet important secteur qu'est la pharmacie.

D. Les procédures dérogatoires nationales et européennes

Sans s'étendre sur tous les cas particuliers contenus dans le CSP et concernant les AMM des médicaments, notons toutefois quelques particularités.

1. Tout d'abord, **l'AMM d'une spécialité pharmaceutique générique bénéficie d'une procédure dite abrégée** (Article L. 5121-29 du CSP). En effet puisqu'il s'agit de dupliquer une molécule déjà existante sur le marché, le demandeur peut être dispensé de produire la documentation volumineuse sur les essais cliniques pharmacologiques et toxicologiques. Ceci suppose un accord formel du propriétaire du brevet dupliqué pour cette utilisation. On peut s'interroger sur l'intérêt à accepter mais souvent c'est un laboratoire qui organise lui-même la duplication de son produit via une filiale par exemple, ce qui lui permet de continuer à occuper le marché et à brûler la politesse des « génériqueurs » de métier. À noter que la loi du 26 février 2007 (préc.) a confirmé la période de protection de 10 ans pour le brevet, sauf qu'elle assouplit cette règle pour un proche avenir car elle ne vaudra que pour les médicaments dont la demande d'AMM aura été antérieure au 30 octobre 2005. Ajoutons enfin que l'AFSSAPS est tenue d'informer le titulaire de la spécialité de référence (même s'il est probable que celui-ci soit déjà informé).

2. Ensuite, observons que **l'AFSSAPS a la possibilité de délivrer une AMM exceptionnelle, dérogatoire en terme de durée** : un an renouvelable au lieu de 5 ans. Une telle procédure peut survenir quand on espère avoir découvert par exemple une molécule des plus efficaces contre une maladie maligne, mais que l'on n'est pas en mesure de fournir dans l'immédiat toutes les données exigées dans le dossier standard, notamment essais cliniques pharmacologiques et toxicologiques.
3. Enfin, l'AFSSAPS peut également déroger au régime des AMM en délivrant une **autorisation temporaire d'utilisation (ATU)**. Cette possibilité est contenue à l'article L.5121-12 du CSP et se voit précisée dans une très technique circulaire NDGS/SD.3H/DSS/FSS/DHOS/E2 n° 2007-143 du 11 avril 2007. Ces autorisations « fast track » sont notamment retenues pour les malades atteints du SIDA ou de l'hépatite B et qui sont en échec thérapeutique vis-à-vis des molécules déjà utilisées dans des traitements similaires. La circulaire précise même la possibilité d'obtenir des dérogations d'achat et d'utilisation pour des produits en phase d'AMM mais n'ayant pas satisfait à toutes les conditions de diffusion. On le comprend, derrière ces définitions juridiques, dans ces cas précis, c'est la vie de malades qui se joue. Ces ATU sont obligatoirement listées par l'AFSSAPS qui en tient la documentation à jour.
4. **Il existe deux types d'ATU** : une ATU dite « **de cohorte** » accordée pour un an renouvelable à un demandeur titulaire des droits de brevet dans le cadre d'une AMM en cours et dans ce cas, tous les malades qui répondent aux spécificités thérapeutiques concernées par le produit y ont accès ; une ATU dite « **nominative** » qui ne va concerner qu'un seul malade pour lequel une issue fatale à court terme est redoutée si on ne tente pas eu égard aux médicaments disponibles quelque chose de différent.

III. Évaluer le service médical rendu par le médicament

Dans la vie du médicament, l'AFSSAPS gère – on vient de le voir – la procédure d'autorisation de mise sur le marché. Mais cette procédure est suivie d'autres interventions parmi lesquelles l'évaluation du service médical rendu effectuée par la Haute Autorité de santé (**HAS**).

La **HAS** héritière de l'ANAES (agence qui était centrée principalement sur l'accréditation) est juridiquement placée depuis la loi 2004-810 du 13 août 2004 et du décret 2004-1139 du 26 octobre 2004 dans la catégorie des **autorités administratives indépendantes**. Avec donc un directeur général inamovible nommé pour 5 ans et une *totale indépendance de jugement*. Ce qui permet donc ainsi en dehors de toute pression de donner un avis scientifique éclairé sur les différents produits de santé.

C'est donc le rôle de la HAS que d'éclairer les pouvoirs publics en matière de décision de remboursement en fonction du critère du **service médical rendu** au patient.

À l'intérieur de la HAS, la Commission d'évaluation des médicaments est chargée d'évaluer les produits qui ont obtenu une AMM. Elle détermine le SMR (service médical rendu) et l'ASMR (amélioration du service médical rendu) par rapport aux traitements déjà disponibles. On l'appelle la « **commission de la transparence** ». Cette commission rendra donc à une autre commission (cf. *infra*), le comité économique des produits de santé (CEPS) un avis obligatoire et une proposition précise.

Le SMR se mesure sur une échelle de 5 selon 3 critères (intérêt clinique, commodité d'emploi et intérêt au regard de la santé publique) : 1 et 2 en cas de pathologie grave (remboursement à 65 %), 3 et 4 (remboursement à 35 %), 5 (pas de remboursement du tout). Le critère d'évaluation le plus porteur d'avenir est bien évidemment l'intérêt au regard de la santé publique

A. Fixer le prix du médicament qui servira de base au remboursement par l'assurance-maladie

Ce n'est pas l'assurance-maladie qui décide directement, mais le comité économique des produits de santé (CEPS) qui est chargé de négocier le prix avec les laboratoires pharmaceutiques et de donner un avis au ministre de la Santé.

Le CEPS est composé de représentants de l'État et de l'assurance-maladie. Son rôle est en effet de négocier avec le titulaire de l'AMM un prix pour une spécialité pharmaceutique tout en disposant pour ce faire du rapport scientifique indépendant de la **commission de la transparence** (HAS). Cette négociation n'est pas le résultat du fait du prince mais elle est encadrée par un accord conventionnel cadre passé entre l'assurance-maladie et l'industrie pharmaceutique.

Notons que le rapport de la commission de la transparence est déterminant car il atténue le reproche de trop forte complaisance décerné à l'AFSSAPS lors de ces décisions d'AMM. En effet, le laboratoire titulaire d'une AMM doit avoir en théorie fourni une documentation plus qu'abondante sur ce que son produit peut apporter. Disposer d'un autre avis scientifique purement indépendant est une valeur ajoutée certaines pour les décideurs.

Le prix négocié doit en principe découler de l'ASMR, sorte de rapport coût-efficacité. Mais la cour des comptes notait en 2004 que « dans la pratique, les conséquences tirées du niveau d'ASMR sont variables, voire incertaines ». En effet, l'accord-cadre entre l'État et l'industrie pharmaceutique a créé un encadrement des propositions du CEPS. On comprend bien les considérables enjeux économiques sous-tendus par ces procédures (cf. chapitre 10).

B. Fixer le taux de remboursement du médicament

Le rôle de proposition pour la fixation du prix revient à l'Union nationale des caisses d'assurances maladies (l'UNCAM), logiquement en fonction du SMR évalué par la HAS et la commission de la transparence.

On notera que le laboratoire qui veut voir sa spécialité pharmaceutique remboursée doit faire une demande directement auprès de cette commission.

Cette procédure est souvent critiquée car estimée comme peu transparente justement, mais à mots couverts par les laboratoires car les enjeux ne sont pas qu'immédiats et que sur un seul produit. Et qu'en réalité ce reproche semble bien sévère car il s'agit plutôt de choc d'intérêts économiques et de jeux de rôle que de critiques très fondées.

C. Inscrire le médicament sur la liste *ad hoc* publiée au *JO* par arrêté

Ce rôle est exclusif du ministre de la Santé. On se reportera au *Journal officiel* pour voir la forme prise par ces publications d'apparence technique (cf. exemple en annexes).

Au final, la procédure de décision pour la prise en charge du médicament semble très complexe, mais désigne un seul et unique décideur, le ministre de la Santé. Même si c'est un établissement public, l'Agence française de sécurité sanitaire des produits de santé (AFSSAPS) qui autorise et contrôle, il est étroitement dépendant du ministère de la santé.

CHAPITRE 8

Les autres activités pharmaceutiques

Pharmacies mutualistes et de secours minier, pharmacies à usage intérieur (PUI) et pharmacie vétérinaire

Les activités pharmaceutiques ont eu tendance à se diversifier et à s'adapter aux besoins des sociétés. Il importe d'apporter un regard sur deux activités de la pharmacie qui non seulement se développent de plus en plus, mais surtout augmentent l'aura du métier de pharmacien.

On reviendra en conclusion sur la question de l'image de pharmaciens dans l'opinion publique. Mais elle n'est pas un sujet mineur et c'est pourquoi il importe de mettre l'accent sur les aspects du monde pharmaceutique qui peuvent corriger et améliorer l'image des pharmaciens et de leurs activités.

On consacrera tout d'abord un bref développement sur les pharmacies mutualistes et celles du secours minier car elles représentent une tendance altruiste du monde pharmaceutique.

Puis, on étudiera les pharmacies à usage intérieur (PUI) dont l'importance surtout dans le domaine de la recherche et des essais cliniques et toxicologiques va grandissante aujourd'hui.

Enfin, évitons une approche « humanocentrée » pour s'intéresser aussi à la pharmacie vétérinaire dont les développements sont de plus en plus essentiels du fait du mélange des épidémies et des épizooties (maladie dite de la vache folle, grippe porcine, grippe aviaire...). Revenons à Darwin et n'oublions pas notre important patrimoine génétique commun scientifiquement prouvé avec les autres espèces, et notamment les mammifères.

I. Les pharmacies mutualistes et de secours minier

Cette partie du droit pharmaceutique est en général traitée comme une particularité du droit de l'officine. Il est exact que les similitudes sont telles qu'un tel choix peut se justifier très largement, surtout avec une approche très juridique et technique de la matière. Or, précisément, le point de vue du présent mémento est que ces activités, pour l'essentiel altruistes dans la dispensation du médicament, participent de la promotion du monde pharmaceutique.

Elles peuvent être regardées comme l'ancêtre et la matrice d'activités désintéressées telles que « Pharmacien sans frontière » qui aide à une dispensation plus sécurisée de produits aux populations les plus démunies ou dans la détresse.

Rehaussant l'idée que l'on peut se faire du monde pharmaceutique, ces formes de dispensation ne nous apparaissent pas comme une survivance ou une particularité vaguement corporatiste, mais au contraire et en dépit de certaines apparences comme un ferment d'avenir.

A. Les pharmacies mutualistes

Créées à l'époque pionnière du socialisme humaniste, sous l'impulsion en particulier du bisontin Charles Proudhon, les pharmacies mutualistes ont existé très tôt au XIXe siècle.

Elles correspondent aux visions solidaristes et d'entre aide à une époque où n'existait pas de Sécurité sociale. Sachant que la mutualité est la matrice de cette Sécurité sociale en France, la loi de 1898 qui lui donne un statut contribuant puissamment à l'asseoir durablement dans notre société. (Sur ces points, voir notre ouvrage *Sécurité sociale et système d'offre de soins*, 2007, Ellipses).

Ces pharmacies, à l'imitation des officines classiques, ont un rôle d'approvisionnement et de dispensation des médicaments auprès des malades et en apparence, elles ne se distinguent pas de ces dernières.

Pourtant, l'implantation des pharmacies mutualistes est dérogatoire du droit commun. Le code de la santé publique en son article L 5125-19 dispose en effet que :

« [...] *toute ouverture, acquisition par une société mutualiste ou une union de sociétés mutualistes, d'une pharmacie existante et tout transfert d'un lieu à un autre d'une pharmacie, créée ou acquise par une telle société ou union sont subordonnés à une décision du ministre chargé de la santé qui, après avis du Conseil supérieur de la pharmacie et du Conseil supérieur de la mutualité, autorise, le cas échéant le représentant de l'État dans le département à délivrer la licence et peut imposer des conditions particulières de fonctionnement.* »

Ajoutons que la création d'une pharmacie mutualiste n'est pas soumise aux seuils de population dont on a traité au chapitre 4 du présent mémento. Et qu'une mutuelle ou une union de mutuelles peut détenir plusieurs pharmacies ce qui est une exception au système propriétaire étudié *supra*. Si bien que c'est un pharmacien officinal salarié gérant qui dirige l'officine mutualiste sous l'autorité d'un conseil d'administration. Autre dérogation enfin, les pharmacies mutualistes n'entrent pas dans l'organisation des gardes ou urgence.

Une création est donc accordée par le préfet de département (demain le directeur général de l'ARS) après décision et instruction ministérielles. En clair, le ministre décide et le préfet veille à l'application effective de la mesure.

Il va sans dire que la profession officinale n'est guère enthousiaste pour cette forme de dispensation suspectée de fausser la concurrence sans apporter quoi que ce soit de plus pour améliorer la dispensation. Il est exact que depuis la mise en place de la carte vitale et du système de tiers payant pour les ressortissants des mutuelles cette forme de dispensation mutualiste a perdu une partie de sa raison d'être. Et il est fréquent d'entendre le reproche fait aux sociétés mutualistes de se comporter comme des opérateurs économiques plus à la recherche du profit que de la solidarité mutualiste.

Par ailleurs, la forme de gestion des pharmacies mutualistes montre bien qu'une forme différente de l'actuel système propriétaire avec des pharmaciens gérants n'est pas impossible pour organiser la dispensation des médicaments. Raisons pour lesquelles ces créations de pharmacies mutualistes ont toujours fait l'objet d'un contentieux abondant qui n'est pas nécessairement à l'honneur de la profession, tant certains contentieux seront apparus bien des fois comme des combats d'arrière-garde.

Pourtant, que pèsent ces pharmacies mutualistes ? Peu de chose sur le plan quantitatif en vérité, puisqu'on en comptait encore 66 en 2008 et seulement 65 en 2009. Elles se stabilisent doucement vers une baisse légère selon les statistiques fournies par l'ordre des pharmaciens. En revanche, leur poids symbolique demeure.

B. Les pharmacies du régime des mines

Ces pharmacies ont été créées dans le cadre du régime particulier de Sécurité sociale dit régime des mines. Elles sont donc la propriété des caisses régionales des mines et ont pour mission d'assurer la dispensation des médicaments aux seuls ressortissants de ce régime de Sécurité sociale.

Les règles de fonctionnement de ces pharmacies sont quasiment identiques à celles des pharmacies mutualistes. Et bien sûr, les pharmaciens gérants sont parfaitement qualifiés à l'identique de n'importe quelle officine. Les pharmacies minières ne peuvent desservir que les ressortissants du régime minier et leurs ayants droit, qui, s'ils veulent que le tiers-payant leur soit appliqué, n'ont pas la possibilité de s'approvisionner dans les officines libérales. Inversement, les affiliés des autres régimes ne peuvent être client des pharmacies minières. À noter qu'une étude pour « l'ouverture bilatérale » des pharmacies minières s'est concrétisée par le décret du 1er août 2006. Ce texte précise les conditions dans lesquelles peuvent être conclues des conventions d'ouverture selon des accords locaux.

En revanche, le régime des mines est désormais en voie d'extinction, faute de ressortissants. Il aura vocation à être absorbé par la Caisse nationale d'assurance-maladie des travailleurs salariés (CNAMTS), mieux connue sous l'appellation de « régime général ». Il en ira donc de même de ses pharmacies, à charge pour la puissance publique de veiller à ce que la bonne dispensation du médicament par zone ne soit pas mise en péril. Ce qui serait étonnant puisqu'aujourd'hui, la profession s'accorde pour dire que la couverture est plutôt bonne.

Au plan quantitatif, il reste encore 63 pharmacies du régime minier au 1er janvier 2009 ; il y en avait 67 au 1er janvier 2008. Comme on le voit, la réduction de ce dispositif s'opère tout doucement.

II. Les pharmacies à usage intérieur (PUI)

Cet exercice de la pharmacie s'est considérablement renforcé ces 20 dernières années au point que les pharmaciens qui travaillent dans les pharmacies à usage intérieur ont obtenu une section propre (section H) auprès de l'ordre national des pharmaciens, quittant ainsi la section D regroupant initialement les pharmaciens salariés.

Ce renforcement s'explique par les progrès scientifiques à l'hôpital, lieu d'innovation thérapeutique majeur désormais, et par l'implication des structures internes dédiées à la pharmacie dans ces progrès. Même si la plupart des médicaments dispensés dans les PUI sont des spécialités pharmaceutiques et donc fabriquées dans le monde de l'industrie pharmaceutique, les protocoles thérapeutiques, surtout en oncologie, ont placé les pharmaciens dans un rôle clef de la fabrication des médicaments innovants en préparation hospitalière. Ce point s'accroît plus encore du fait de leur implication dans les questions de iatrogenie médicamenteuse et d'infections nosocomiales.

L'attention s'est portée plus en particulier sur ces PUI du fait de leurs possibilités de rétrocession, c'est-à-dire le droit de dispenser certains médicaments aux malades qui sortent de l'établissement de soins (public comme privé). Les pharmaciens d'officine se sont alarmés du fait de cette concurrence.

Enfin, ces pharmacies à usage intérieur se sont vues placées en 1re ligne quand la nouvelle tarification à l'activité (T2A) a créé une liste de médicaments hors groupes homogènes de séjour (système tarifant un séjour pour un malade selon sa pathologie). L'envolée des dépenses de cette liste particulière et la nécessité d'une gestion rapprochée de ce que l'on appelle les « molécules coûteuses » a plus encore mis en exergue le rôle des pharmaciens hospitaliers.

A. Définition juridique d'une PUI et ses missions

1. Définition juridique d'une PUI

Les pharmacies à usage intérieur sont définies à l'article L.5126-1 du code de la santé publique issu de sa rédaction par la loi du 9 août 2004 dite « loi de santé publique » :

« Les établissements de santé et les établissements médico-sociaux dans lesquels sont traités des malades, les syndicats interhospitaliers, les groupements de coopération sanitaire, les hôpitaux des armées, les installations de chirurgie esthétique satisfaisant aux conditions prévues à l'article L. 6322-1 ainsi que les organismes, établissements et services mentionnés aux articles L. 5126-8, L.5126-9 et L. 5126-13 peuvent disposer d'une ou plusieurs pharmacies à usage intérieur dans les conditions prévues au présent chapitre.

L'activité des pharmacies à usage intérieur est limitée à l'usage particulier des malades dans les établissements de santé ou médico-sociaux où elles ont été constituées ou qui appartiennent au groupement de coopération sanitaire ou au syndicat interhospitalier, dans les hôpitaux des armées ou dans les installations de chirurgie esthétique.

Toutefois, dans le cadre de recherches biomédicales réalisées sur des produits, substances ou médicaments, la pharmacie à usage intérieur d'un établissement de santé peut être autorisée à titre exceptionnel par le directeur général de l'Agence française de sécurité sanitaire des produits de santé à distribuer ces produits, substances ou médicaments à d'autres pharmacies à usage intérieur d'établissement de santé où la recherche est réalisée.

Dans les établissements publics de santé, la ou les pharmacies à usage intérieur autorisées dans les conditions définies à l'article L. 5126-7 sont organisées selon les modalités prévues par le chapitre VI du titre IV du livre Ier de la partie VI du présent code. »

Cependant, il est possible de disposer de PUI dans d'autres structures que les établissements de soins publics ou privés ou les établissements médico-sociaux parmi lesquelles il faut citer :

- Les hôpitaux des armées qui disposent pour les animer d'un corps spécifique de pharmaciens militaires recrutés sur concours.
- Les services d'incendies et de secours (SDIS) qui ont besoin de disposer de produits dans le cadre de leurs interventions d'urgence coordonnées au plan médical et sous l'autorité des SAMU et qui ont l'obligation d'en confier la gérance à un pharmacien sapeur-pompier, en principe à plein-temps.
- Les établissements pénitentiaires dans lesquels sont implantés des services médicaux, les UCSA qui dépendent directement des hôpitaux publics et sous l'autorité d'organisation des ARH. C'est un pharmacien habilité qui sera responsable de cette dispensation.
- Les services de dialyse à domicile avec présence obligatoire d'un pharmacien gérant à mi-temps

2. Les missions des PUI

Les missions des PUI consistent pour l'essentiel à dispenser les médicaments, notamment ceux à prescription restreinte, les dispositifs médicaux stériles et les dispositifs médicaux réutilisables, à préparer les médicaments et à reconstituer les cytostatiques. Ils ont aussi un rôle de veille sanitaire et de pharmacovigilance. Ces missions sont déclinées aux articles R.5126-8 et R.5126-9 du code de la santé publique qui disposent :

« **Article R5126-8** :

Les pharmacies à usage intérieur disposent de locaux, de moyens en personnel, de moyens en équipements et d'un système d'information leur permettant d'assurer l'ensemble des missions suivantes : 1° La gestion, l'approvisionnement, le contrôle, la détention et la dispensation des médicaments, produits ou objets mentionnés à l'article L. 4211-1 ainsi que des dispositifs médicaux stériles ; 2° La réalisation des préparations magistrales à partir de matières premières ou de spécialités pharmaceutiques ;

3° La division des produits officinaux. Les unités de dialyse à domicile et les unités d'autodialyse mentionnées à l'article R. 6123-54 ne peuvent détenir et dispenser que des médicaments, produits ou objets ainsi que des dispositifs médicaux stériles directement liés à la dialyse. »

« **Article R5126-9** :

Sous réserve de disposer des moyens en locaux, personnel, équipements et systèmes d'information nécessaires, les pharmacies à usage intérieur peuvent être autorisées à exercer les activités prévues aux articles L. 5126-5 et L. 5137-2, notamment :

1° La réalisation des préparations hospitalières à partir de matières premières ou de spécialités pharmaceutiques ; 2° La réalisation des préparations rendues nécessaires par les recherches biomédicales mentionnées à l'article L. 5126-11, y compris la préparation des médicaments expérimentaux mentionnée à l'article L. 5126-5 ; 3° La délivrance des aliments diététiques destinés à des fins médicales spéciales mentionnés à l'article L. 5137-2 ; 4° La stérilisation des dispositifs médicaux dans les conditions prévues par le décret mentionné à l'article L. 6111-1 ; 5° La préparation des médicaments radiopharmaceutiques ; 6° L'importation de médicaments expérimentaux ; 7° La vente de médicaments au public dans les conditions prévues à l'article L. 5126-4 ; 8° La réalisation de préparations magistrales ou hospitalières, la reconstitution de spécialités pharmaceutiques ainsi que la stérilisation de dispositifs médicaux pour le compte d'autres établissements ou de professionnels de santé libéraux, dans les conditions prévues aux cinquième et sixième alinéas de l'article L. 5126-2 et à l'article L. 5126-3.

Pour la préparation et l'importation des médicaments expérimentaux mentionnés au 2° et au 6°, les pharmacies à usage intérieur sont soumises aux dispositions des articles R. 5124-57-1 à R. 5124-57-6.

L'activité prévue au 7° est réservée aux pharmacies à usage intérieur des établissements de santé, à l'exception de celles exclusivement dédiées à des structures d'hospitalisation à domicile, à des unités de dialyse à domicile ou à des unités d'autodialyse.

Les dispositions des articles L. 5126-4 et L. 5126-11 sont applicables aux hôpitaux des armées ainsi qu'aux syndicats interhospitaliers et aux groupements de coopération sanitaire gérant des pharmacies à usage intérieur. »

B. Implantation et moyens

En théorie, la PUI doit se trouver sur le lieu d'implantation de l'établissement mais il est admis depuis longtemps qu'une pharmacie centrale puisse approvisionner plusieurs sites. Surtout quand la PUI a la charge importante de veiller à la stérilisation pour l'établissement. Auquel cas, vu le prix élevé des autoclaves qui assurent cette tâche, la centralisation apparaît une solution sûre en sécurité sanitaire et économiquement rationnelle.

Ces possibilités sont prévues au CSP (décret du 3 octobre 2007 et article R.5126-5) et de nombreuses dérogations accordées par le directeur de l'ARH (bientôt le directeur général de l'ARS) permettent que le PUI d'un établissement en approvisionnent d'autres. Ces dispositions sont notamment prises quand le réseau habituel des pharmacies d'officine ne parvient pas à pourvoir au plan local. Dans les faits, dans les petites bourgades et pour les petites PUI, c'est souvent un pharmacien à temps partiel, souvent par ailleurs pharmacien d'officine proche ou son assistant qui sont pharmaciens responsables des PUI. On utilise aussi la formule de coopération entre établissements via les groupements de coopération sanitaire (GCS). De même dans les EPHAD qui n'ont pas de PUI la préparation des médicaments peut être assurée par un pharmacien d'officine rémunéré sous forme de vacations.

Notons aussi que depuis un décret de mai 2005, les PUI ont *obligation* d'informatiser le « circuit du médicament » afin de mieux suivre les prescriptions et limiter les risques de iatrogénie médicamenteuse. Il est à cet égard très regrettable que cette excellente et louable intention ait été suivie de très peu d'effets dans les établissements de soins. Seuls quelques-uns d'entre eux ont à ce jour accompli un réel effort en ce sens. Sans doute la création de l'Agence pour les systèmes d'information (ASIP) dans la loi du 22 juillet 2009 (HSPT) pourra-t-elle relancer ce dossier prioritaire dans le réseau.

Pour animer ces PUI, on dispose d'un corps de pharmaciens **dédiés**, recruté via le concours de praticien hospitalier, et par un corps de préparateurs en pharmacie hospitalière. Ceci n'est pas un mince détail car cela implique que les pharmaciens hospitaliers recrutés sont au plan statutaire sur un plan d'égalité avec les médecins des spécialités. Les pharmaciens hospitaliers sont secondés dans leurs missions par des préparateurs en pharmacie hospitalière L.4241-13 qui exercent leurs fonctions sous la responsabilité et le contrôle effectif du pharmacien. C'est-à-dire qu'ils ne peuvent pas exercer hors de la présence du pharmacien. Ces préparateurs viennent de voir modifié le fonctionnement de la Commission consultative nationale qui les régit auprès de la DHOS au ministère de la santé par un décret n° 2009-1037 du 25 août 2009.

Ainsi, le rôle des pharmaciens est-il aujourd'hui très important dans un établissement de soins et ceci sur bien des plans :

- Au plan institutionnel, ils ont une part déterminante dans le comité interne du médicament et des dispositifs médicaux stériles (**COMEDIMS**). Cette instance a pour mission de définir la politique du médicament dans l'établissement et sur tous ses aspects. Plus particulièrement, au-delà des choix de référence pour les spécialités pharmaceutiques, on va y traiter de la question des prix d'approvisionnement dont le poids va grandissant dans les établissements, et aussi de la lutte contre la iatrogénie médicamenteuse.

- Sur ce dernier aspect, notons que nombre de pharmaciens dans les établissements, souvent déjà en charge de la question de la stérilisation, se sont aussi investis dans le comite de lutte contre les infections nosocomiales (CLIN) où ils occupent une place prépondérante. Il s'agit d'un sujet majeur, et par exemple le rapport de l'office parlementaire d'évaluation des politiques de santé de juin 2006 du Sénateur Vasselle indique que cumulés, iatrogénie médicamenteuse et infections nosocomiales représentent 750 000 cas par an et 4 200 décès directs soit un coût oscillant entre 2,6 et 6 milliards d'€ selon les estimations !
- Enfin au plan économique, l'avis du pharmacien est devenu déterminant depuis la mise en place d'une liste de médicaments placés en dehors des forfaits médicaments dans les groupes homogènes de séjour ou de malades qui rythment les recettes des établissements depuis la réforme dite de la tarification à l'activité (T2A). Ces médicaments sont remboursés selon une formule dite « à l'euro, l'euro » et sans restrictions par l'assurance-maladie. Laquelle procède toutefois à des contrôles vu les coûts de certaines molécules, au point qu'on les appelle d'ailleurs communément « les molécules coûteuses ».

C. La question de la rétrocession de médicaments

C'est une question délicate par laquelle les pharmaciens se sont souvent intéressés aux PUI. Et pas toujours pour les meilleures raisons.

En principe, les médicaments délivrés par les PUI sont à usage interne, c'est-à-dire destinés aux seuls malades de l'établissement lors de leur séjour à l'hôpital ou en clinique. Le rôle premier des PUI en tout état de cause ne pouvait être celui d'approvisionner les malades non hospitalisés. Il existait bien des dérogations à ce principe, mais limitées. Sauf qu'il faut bien admettre que ces dispensations pesaient sur les coûts hospitaliers puisqu'aucune caisse de Sécurité sociale ne venait en sus les rembourser. Elles étaient donc à la charge pure de l'établissement.

Dès lors, le but d'une réforme de ce système un peu confus n'était pas seulement comme il a été bien rapidement affirmé de protéger autant que possible le monopole de distribution des pharmaciens d'officine, et donc leur chiffre d'affaire. Dès lors, d'aucuns plaidaient probablement avec un peu d'excès, que c'était un dispositif dont la priorité semblait plus être celle des intérêts du pharmacien que celle du malade. En fait, il s'agissait aussi de clarifier un dispositif qui finalement ne donnait satisfaction à personne.

Tant et si bien que le ministère de la santé a réformé la rétrocession par le décret du 15 juin 2004 en la corrélant à la difficile question des restrictions de prescriptions, ceci dans le seul souci de faciliter l'accès du malade au médicament. Dans le même temps, il est légitime d'éviter de surcharger les tâches des PUI alors que le réseau des officines de ville remplit parfaitement son rôle. C'est donc une réforme équilibrée qui a été décidée.

C'est pourquoi les PUI ne peuvent dispenser de médicaments aux malades non hospitalisés qu'en fonction d'une liste limitative arrêtée par le ministère chargé de la santé. De surcroît, ces médicaments seront remboursés par une caisse d'assurance-maladie de rattachement.

Et ceci conformément à l'article L. 5126-4 du CSP qui stipule :

« Dans l'intérêt de la santé publique, le ministre chargé de la santé arrête, par dérogation aux dispositions de ***l'article L. 5126****-1, la liste des médicaments que certains établissements de santé, disposant d'une pharmacie à usage intérieur, sont autorisés à vendre au public, au détail et dans le respect des conditions prévues aux articles* ***L. 5123-2 à L. 5123-4****. Les conditions d'utilisation des médicaments et des dispositifs médicaux stériles sont arrêtées conjointement par les ministres chargés de la santé et de la Sécurité sociale.*

La part prise en charge par les régimes obligatoires d'assurance-maladie au titre des remboursements afférents à ces médicaments est facturée à la caisse désignée en application de l'article ***L. 174-2*** *ou* ***L. 174-18*** *du code de la Sécurité sociale. »*

Pour être inscrits sur cette liste « rétrocession » les produits doivent correspondre à des critères forts d'intérêt du malade. Et pour nombre d'entre eux, il s'agit de produits pour traiter des maladies rares ou encore destinés aux malades atteints du SIDA et pour lesquels les conditions de dispensation peuvent s'avérer difficiles.

À noter que certains médicaments sont inscrits d'office sur la liste « rétrocession », comme certaines préparations magistrales ou hospitalières mais surtout (cf. *supra*) tous les produits disposant d'une ATU de cohorte ou individuelle.

III. La pharmacie vétérinaire

D'emblée, observons à propos de la pharmacie vétérinaire que son régime en France est pour l'essentiel un droit européen transposé. C'est ainsi que notre législation en ce domaine est à ce jour marquée principalement par l'ordonnance du 11 avril 2007 qui transpose en droit français moult dispositions arrêtées conjointement avec nos partenaires. Observons aussi qu'il existe un code communautaire relatif aux médicaments vétérinaires (Directive 2004/28/CE du 31 mars 2004 – préc.).

Cette partie vétérinaire de la pharmacie n'est pas négligeable car, même s'il ne s'agit pas de mettre cette activité sur le même plan que le soin apporté aux personnes humaines, notre pays dispose par exemple au plan agricole d'un des élevages les plus puissants au monde. Si bien que soigner ces bêtes d'élevage constitue d'abord un enjeu économique par exemple.

Ensuite, la biodiversité est un besoin pour notre propre maintien sur la planète. Maintenir en bonne santé les autres espèces est un impératif moral certes, car il ne s'agit pas d'abuser – c'est déjà tellement trop le cas – de notre position d'espèce dominante, mais aussi de se prémunir nous-même par ces actions.

Enfin, observons que notre pays dispose d'une des densités les plus élevées au monde d'animaux domestiques, et que soigner ces espèces relève aussi de la protection globale de santé publique. Tant il et vrai que de plus en plus on aura de la peine à différencier parfois épidémies et épizooties.

C'est donc sans surprise que l'on va découvrir qu'il y a plus de similitudes avec la pharmacie à usage humain que de particularités dans la pharmacie à usage vétérinaire.

La pharmacie vétérinaire est fondée sur la notion de médicament vétérinaire (A) ainsi que sur des institutions spécifiques qui veillent au respect des règles (B).

A. Le médicament vétérinaire

Le médicament vétérinaire est d'abord, comme son nom l'indique, un médicament, mais destiné à l'animal. Si bien que la définition du produit comme l'objectif visé est identique aux médicaments destinés à l'usage humain (cf. chapitre 6).

Sa définition juridique spécifique issue de l'ordonnance du 26 avril 2007 se trouve à article L. 5141-1 et 2 du code de la santé publique qui stipule :

L. 51 41-1 : *« On entend par médicament vétérinaire, tout médicament destiné à l'animal tel que défini à l'article L. 5111-1.*

On entend par spécialité pharmaceutique vétérinaire, toute spécialité pharmaceutique telle que définie à l'article L. 5111-2 et destinée à l'animal. »

Le L.5141-2 issu de l'ordonnance du 26 avril 2007 modifié par l'ordonnance 2009-229 du 26 février 2009 énumère dans une longue liste la classification des médicaments vétérinaires possibles à l'imitation de celle pour les médicaments humains (cf. chapitre 6).

Comme le médicament à usage humain, le médicament vétérinaire fait l'objet d'une AMM délivrée par une institution spécifique : l'AFSSA (cf. *infra* B).

En revanche, une particularité existe dans la dispensation des médicaments vétérinaires. On a vu *supra* que pour le médicament à usage humain, le monopole, sauf rares exceptions, est réservé aux pharmaciens. Il n'en est pas de même pour les médicaments à usage vétérinaire. En effet, ce monopole est partagé entre pharmaciens et vétérinaires praticiens tout d'abord. En effet, l'article L. 5143-2 du CSP dispose :

« Article L. 5143-2 – Seuls peuvent préparer extemporanément, détenir en vue de leur cession aux utilisateurs et délivrer au détail, à titre gratuit ou onéreux, les médicaments vétérinaires ;

1° Les pharmaciens titulaires d'une officine.

2° Sans toutefois qu'ils aient le droit de tenir officine ouverte, les vétérinaires ayant satisfait aux obligations du chapitre 1er du titre IV du livre II du code rural leur permettant d'exercer la médecine et la chirurgie des animaux, lorsqu'il s'agit des animaux auxquels ils donnent personnellement leurs soins ou dont la surveillance sanitaire et les soins leur sont régulièrement confiés. La même faculté est accordée aux chefs des services de pharmacie et toxicologie des écoles nationales vétérinaires pour le traitement des animaux admis en consultation ou hospitalisés.

Les dispositions du présent article ne sont pas applicables à la détention en vue de la cession aux utilisateurs ni à la délivrance au détail, à titre gratuit ou onéreux, de produits antiparasitaires destinés au traitement externes des animaux de compagnie à l'exception de ceux qui sont soumis à prescription obligatoire d'un vétérinaire en application de l'article L. 5143-5 ou dont l'autorisation de mise sur le marché indique, en application du 1° de l'article L.5141-5, qu'ils ne sont pas à appliquer en l'état sur l'animal. »

On le comprend donc : la règle de base, c'est la dispensation par le pharmacien d'officine. Mais pour des raisons pratiques, les docteurs vétérinaires sont autorisés à dispenser, surtout quand ils pratiquent par exemple un acte chirurgical sur place (exemple : une césarienne lors d'un vêlage) ou simplement quand un animal en a besoin au cours d'un soin apporté.

À noter que plusieurs médicaments à usage vétérinaire sont subordonnés à la rédaction d'une ordonnance par le vétérinaire.

Mais le vétérinaire n'est pas le seul à écorner le monopole de dispensation du médicament par le pharmacien. En effet, certains groupements agricoles agréés en matière d'élevage qui participent à l'organisation des productions animales peuvent par dérogation y être aussi autorisés. Ce qui signifie que ces groupements dispensent des médicaments vétérinaires à leurs membres.

Ceci ne se fait pas sans contreparties.

Car pour ce faire, ces groupements doivent être agréés pour une période de 5 ans, renouvelable. Ils doivent se soumettre à l'élaboration d'un programme sanitaire d'élevage (PSA) et l'exécution de ce programme est placée sous la surveillance effective d'un vétérinaire qui en est donc au final responsable. Enfin, la dispensation est strictement réservée aux membres des groupements agréés.

B. Institutions spécifiques : AFSSA et ANMV

L'Agence française de sécurité sanitaire des aliments (**AFSSA**) est une sorte de copie de l'AFSSAPS transposée au monde de l'alimentation et, pour partie, au monde animal. Cette institution est un établissement public de l'État qui fut créé en 1999 suite aux différentes crises sanitaires (maladie de la vache folle par exemple).

Une partie des attributions de cette agence, notamment celles centrées sur la surveillance de l'alimentation ne concernent pas proprement notre propos. En revanche, l'AFSSA dispose en son sein d'une Agence nationale du médicament vétérinaire (ANMV) qui, comme sa dénomination le laisse prévoir, est centrée sur la pharmacie vétérinaire.

Cette agence est une institution interne à l'AFSSA et ne possède pas de personnalité juridique. Son directeur nommé par arrêté sur proposition du directeur général de l'AFSSA est un collaborateur de ce dernier. Dans la pratique, une large délégation de signature est accordée au directeur de l'ANMV.

Cette agence est chargée de préparer les décisions relatives aux AMM des spécialités pharmaceutiques vétérinaires mais aussi tout ce qui concerne les autorisations d'ouverture des établissements pharmaceutiques vétérinaires. Les règles d'autorisation de ces établissements pharmaceutiques vétérinaires ne diffèrent guère de celles des établissements pharmaceutiques destinés à la fabrication des médicaments à usage humain (cf. chapitre 5).

Ces similitudes sont telles que rien n'interdirait de regrouper ces attributions sous la bannière de l'AFSSAPS, seule la double tutelle ministère chargé de la santé et ministère de l'agriculture sur l'AFSSA pouvant expliquer ce choix.

CHAPITRE 9

La responsabilité des pharmaciens : officine et industrie

La responsabilité professionnelle du pharmacien dans l'exercice de ses activités de dispensation, de fabrication ou de répartition du médicament

Le libellé même de ce chapitre montre que ces développements examineront les questions de responsabilité des pharmaciens aussi bien à l'officine que dans les établissements pharmaceutiques et cela, dans deux parties distinctes.

Il importe de souligner d'emblée que cette étude devra « naviguer » dans nombre de champs juridiques. La responsabilité du pharmacien quel que soit son exercice est multiforme : responsabilité ordinale, administrative, pénale, civile. Au surplus, il est parfois délicat de distinguer dans les établissements pharmaceutiques ce qui ressort de la responsabilité du produit et du pharmacien lui-même.

Si bien que souvent, c'est, de façon empirique, la jurisprudence qui tranche.

Au surplus, les développements qui vont suivre seront centrés sur les responsabilités proprement professionnelles, notamment pour tout ce qui concerne la responsabilité du fait de dispensation du médicament. Ils n'ont pas vocation à épuiser le champ des responsabilités plus strictement individuelles qu'un pharmacien comme tout citoyen doit assumer dans tous les compartiments de la vie, mais aussi, comme commerçant dans le droit classique du dommage aux clients.

Matière au demeurant complexe, nous serons contraints en regard de l'objectif de ce mémento de simplifier pour mettre en évidence les principaux mécanismes et les notions essentielles. Et donc contraints de faire des choix.

I. La responsabilité professionnelle de l'officinal

Cette responsabilité se décline par rapport à l'ordre des pharmaciens, à l'assurance-maladie mais aussi par rapport à la clientèle vis-à-vis de laquelle peuvent être actionnés des mécanismes juridiques relevant aussi bien du droit civil que du droit pénal.

A. Responsabilité de l'officinal vis-à-vis de l'ordre des pharmaciens

Il s'agit pour l'essentiel des questions disciplinaires, lorsque l'ordre siège en chambre de discipline vis-à-vis d'un de ses mandants, question déjà abordée au chapitre 4 du présent mémento.

On se bornera donc à rappeler que les pharmaciens titulaires peuvent être incriminés non seulement pour leurs propres turpitudes mais aussi pour celles commises par leurs salariés à l'officine ! Le pharmacien est alors incriminé pour défaut de surveillance puisqu'il doit, rappelons-le, exercer personnellement sa profession et qu'il est tenu dans le contrat d'embauche de préciser nature des tâches et étendue des responsabilités de ses adjoints.

C'est ainsi qu'une erreur de délivrance même commise par un adjoint peut rejaillir sur l'officinal titulaire. Mais elle peut aussi être incriminée au seul adjoint. C'est la jurisprudence qui fait les différences selon les cas.

Rappelons aussi que l'échelle des sanctions va de l'avertissement au blâme, en passant par l'interdiction temporaire ou définitive d'exercer. Les patients ont intérêt à passer par une personne habilitée pour déposer plainte à l'ordre des pharmaciens, même si le droit a évolué et qu'ils peuvent sous certaines conditions saisir eux-mêmes l'ordre. Il en va de même des salariés d'une officine, sauf les pharmaciens adjoints qui, inscrits eux-mêmes à l'ordre, disposent de ce droit.

B. La responsabilité de l'officinal vis-à-vis des caisses d'assurance-maladie

Cette responsabilité concerne précisément la concordance entre ce qui est prescrit et ce qui est délivré. Pour ce faire, l'assurance-maladie procède à des contrôles même s'ils peuvent paraître limités via le corps des pharmaciens conseils qui travaillent à son service.

Les manquements aux règles et les fraudes constatées peuvent donner lieu à la dénonciation par la caisse d'assurance-maladie des relations contractuelles qu'elle entretient avec l'officine.

Ce qui n'est pas de nul effet puisque la caisse d'assurance-maladie peut mettre fin au dispositif dit « de tiers payant » qu'elle met en place dans les clauses contractuelles. Ce qui n'est pas un mince dommage pour l'officine qui connaît pareille mésaventure.

En cas de litige, le contentieux pourrait relever du droit civil en application du droit des contrats ; mais les caisses primaires d'assurance-maladie (CPAM), bien que privées, sont chargées d'une mission de service public. C'est pourquoi nombre de contentieux se règlent devant une instance juridictionnelle dédiée, les **commissions de première instance de la Sécurité sociale**, instance en lien avec l'autorité judiciaire.

C. La responsabilité de l'officinal vis-à-vis de sa clientèle

Cette responsabilité peut relever aussi bien du champ du droit civil, ce qui est le plus fréquent, mais aussi du droit pénal.

S'agissant du droit civil, cette responsabilité relève de ce que classiquement en droit on appelle le droit du dommage, c'est-à-dire la réparation du préjudice causé à l'occasion d'un acte fautif intentionnel ou non dans une dispensation. Elle trouve aussi sa source en partie dans le droit des contrats, car on considère que le pharmacien officinal de par son activité commerciale est lié par un contrat de vente avec son client.

Il s'agit là en particulier des articles 1147 sur le manquement aux obligations d'une convention et 1641 du code civil sur la nécessaire garantie que le vendeur doit offrir au client.

S'agissant du droit pénal, cette responsabilité relève des sanctions pour crimes ou délits commis à l'occasion d'actes de dispensation (délivrance en toute connaissance de cause d'un produit mortel à un patient ; délivrance de produits dopants interdits ; de préparation magistrale qui sont des stupéfiants, etc.).

Sachant que ces 2 responsabilités peuvent le cas échéant se cumuler pour le pharmacien qui s'est rendu coupable d'une faute délictuelle ayant entraîné un dommage.

Un exemple : un pharmacien qui aura délivré sciemment à un mineur un produit stupéfiant qui aura eu pour effet d'entraîner sa mort devra assumer non seulement une telle faute devant la juridiction pénale avec la peine qui ira avec, mais aussi assumer l'indemnisation de la famille devant la juridiction civile. Il est très probable qu'en sus, la juridiction ordinale infligera une peine de suspension d'exercice, en cette occurrence sans aucun doute définitive. Il existe même une règle intangible de procédure qui oblige le tribunal civil à surseoir à statuer si, pour une même faute, une juridiction pénale est saisie en parallèle. Elle ne pourra statuer qu'à l'issue du prononcé de la peine pénale ayant autorité de chose jugée, et purgée de tout appel.

II. La responsabilité pénale de l'officinal

Celle-ci suit un principe jurisprudentiel jamais remis encore sérieusement à ce jour et qui veut que toute infraction commise dans la pharmacie engage la responsabilité du titulaire de l'officine. Ceci peut paraître sévère, mais s'explique par le fait que l'infraction est assimilée par le juge à un défaut de surveillance de l'officinal titulaire.

Cela ne fait pas disparaître la responsabilité pénale de celui qui a effectivement commis l'infraction, le délit voire le crime, surtout si une faute directe peut-être établie contre lui.

Souvent alors, l'officinal titulaire est condamné à une simple peine de principe et l'auteur, lui, plus sévèrement. Mais ceci a pour effet d'enclencher la responsabilité civile qui s'ensuivra dans la réparation du dommage conformément aux principes qui lient ces deux responsabilités énoncées *supra*.

Dans ces conditions, l'officinal peut se voir reprocher deux grands types d'infractions : celles qui ne comportent pas de spécificités pharmaceutiques d'une part, celles qui au contraire relèvent de la pure spécificité pharmaceutique.

A. Les fautes sans caractéristique pharmaceutique

S'agissant des fautes sans caractéristique pharmaceutique, nous serons plus rapides dans notre examen car cela relève plus d'un droit général que pharmaceutique. Mais il peut se commettre à l'officine un homicide involontaire par défaut de prudence, un accident entraînant une incapacité temporaire ou définitive pour la victime, un dommage entraînant un arrêt de travail prolongé préjudiciable à la victime… On en restera là, sauf à rappeler que tout ceci peut conduire à des peines de prison ferme.

B. Les fautes avec spécificité pharmaceutique

S'agissant des fautes avec spécificité pharmaceutique, la plus embarrassante des responsabilités pour le pharmacien provient de ce que le juge, se fondant assez logiquement sur l'expertise pharmacologique de l'officinal, lui enjoint de contrôler les produits qu'il délivre, quand bien même une ordonnance d'un médecin lui enjoint de délivrer ces produits. « Le rôle du pharmacien ne se borne pas – pour reprendre les termes d'un jugement du tribunal de Versailles – à exécuter les prescriptions d'une ordonnance médicale sans se soucier des conséquences que pourraient avoir sur le malade les doses indiquées et la répétition des prises. Une erreur dans la prescription ne peut décharger le pharmacien de sa responsabilité. » Pour les autres champs, on est dans un droit plus repérable et plus objectif : le code de la santé publique détermine des règles précises de dispensation de certains produits pour des raisons de protection de la santé publique. Tout manquement à ces règles est sévèrement puni et peut engager la responsabilité pénale du pharmacien.

C. Les sanctions les plus graves

Les sanctions les plus graves pour ce qui concerne les pharmaciens ont trait à la délivrance des produits stupéfiants. Par exemple, est puni de 5 ans d'emprisonnement le fait de proposer pour un pharmacien à un patient des produits stupéfiants tirés de son officine pour une consommation illicite et personnelle. On risque même 10 ans de prison ferme en délivrant sciemment un produit stupéfiant sur une ordonnance que l'on sait forcément de pure complaisance, sans même parler des amendes pénales en sus.

Insistons sur le fait que toutes ces fautes enclenchent également le contentieux de la réparation du dommage dans le cadre de la responsabilité civile de l'officinal vis-à-vis de sa clientèle, que nous allons examiner maintenant.

III. La responsabilité civile de l'officinal dans la dispensation

D'un point de vue purement juridique tout d'abord, et en sus des points de droit cités dans notre introduction à ce chapitre, la responsabilité juridique de l'officinal n'échappe pas aux principes généraux et aux règles qui régissent le contentieux de la réparation du dommage. Principes qui – conformément à l'article 1382 du code civil – conduisent toute personne qui cause un dommage à autrui à le réparer ou à l'indemniser.

Ce qui signifie que l'on ne peut éluder les conséquences de ses actes, même s'ils ne sont pas intentionnels (article 1383 du code civil) et donc qu'il est impossible, sauf force majeure, d'échapper à l'obligation de réparer le dommage que l'on cause.

D'une façon générale, résumons en les commentant rapidement les principaux cas de mise en jeu de la responsabilité civile de l'officinal dans l'acte de dispensation :

A. Responsabilité civile liée à une erreur sur le produit dispensé

La responsabilité civile de l'officinal est engagée lorsqu'il ne délivre pas le bon produit : un exemple, un pharmacien qui délivre du « feldène » au lieu de « foldine », ce qui a pour effet d'entraîner une hémorragie intestinale grave chez le patient. L'erreur peut d'ailleurs se produire non seulement sur le produit mais aussi sur des questions de posologie. Une telle erreur, même non intentionnelle, est assurément une faute qui enclenche pour l'officinal l'obligation de réparation. De même qu'il ne peut exclure des poursuites ordinales additionnelles.

B. Responsabilité civile liée à une absence d'analyse pharmacologique

La responsabilité de l'officinal est engagée quand il délivre un produit que son expertise pharmacologique lui enjoindrait de ne jamais délivrer : en effet, un officinal même s'il n'a pas le droit de refuser en tant que telle une ordonnance est tenu d'en faire une **analyse pharmaceutique au moment de la dispensation**. Sinon l'obligation d'exercer en personne et le monopole de délivrance perdraient alors tout leurs sens. L'officinal n'est pas seulement un commerçant mais aussi un agent de la chaîne de santé publique. Dans cette optique, le pharmacien a le devoir d'informer lorsque les posologies lui semblent inadaptées ou dangereuses pour le patient. Même s'il ne peut aller contre une ordonnance et rectifier de lui-même en droit une prescription effectuée par le médecin, il doit inviter le médecin à rectifier quand il décèle une difficulté ou une erreur. L'officinal peut dans des cas exceptionnels opposer à un médecin un refus de délivrance qui lui semblerait avoir des conséquences fâcheuses pour le malade. C'est notamment le cas lorsque par exemple, sur une préparation magistrale, le médecin voudrait lui enjoindre de violer les règles de la pharmacopée dans les posologies maximales. Enfin notons qu'à titre tout à fait exceptionnel aussi, et dans un cas d'urgence où l'intérêt vital du patient est en jeu, l'officinal peut d'autorité modifier la prescription du médecin. Comme vous l'imaginez, les responsabilités dans ce type de cas extrêmes se cumulent. La responsabilité civile est d'évidence engagée pour ce qui de la réparation du dommage ; mais la responsabilité pénale et ordinale aussi.

C. Cas particulier de la dispensation des génériques

Il reste un cas qu'il convient de traiter à part et qui concerne les génériques. On a vu *supra* que, dans certains cas, le pharmacien est appelé à substituer à un princeps une molécule générique et ceci depuis 1999. Or, qu'en sera-t-il de la responsabilité civile des pharmaciens si ce produit substitué cause un dommage à un patient. Ce n'est pas un cas d'école, car on sait que si la molécule est par donnée de fait identique, il n'en est pas de même par exemple de la composition excipientaire ; laquelle différence peut précisément entraîner le dommage. La jurisprudence à un niveau élevé n'a pas encore tranché ;

mais on sent bien qu'il y aura là un enjeu d'importance pour les officinaux mais aussi pour la crédibilité dans le public des politiques globales en faveur des médicaments génériques et du droit de substitution.

Appelons enfin l'attention sur le fait que l'officinal doit se prémunir, conformément à l'obligation qui lui est faite par la loi du 4 mars 2002 des conséquences pécuniaires des incidents ci dessus décrits, en prenant une assurance responsabilité civile professionnelle auprès d'une compagnie spécialisée.

Une telle assurance a pour avantage de couvrir le risque du pharmacien de réparer un dommage causé à un patient du fait d'erreurs de dispensation commises avec un minimum de bonne foi. En revanche, il est probable que selon les contrats, les assureurs refusent de couvrir les dommages qui trouvent naissance dans un fait délictueux.

IV. La responsabilité civile et pénale des pharmaciens industriels et répartiteurs

Nous abordons là une question de droit fort complexe, sans doute la plus complexe de tout ce mémento. Vu nos objectifs pédagogiques, on se gardera de la traiter avec une technicité juridique trop marquée.

En usant des mêmes discriminants que dans notre développement consacré aux officinaux, on traitera ici des questions de responsabilités purement centrées sur la question du médicament. Bien évidemment, les pharmaciens n'étant que des personnes humaines, ils affrontent les mêmes champs de responsabilités dans la vie ordinaire pourrait-on dire. Il n'en sera pas question ici.

A. Propos généraux liminaires sur la responsabilité

Cette responsabilité sera selon les cas regardée comme ordinale, pénale ou civile notamment lorsque des actes de négligence délictueuse sont établis, Mais avec des critères différents lorsque l'on se centrera sur les questions liées à la fabrication des produits et des spécialités pharmaceutiques.

D'abord, il s'agit de traiter de la responsabilité de ceux qui sont impliqués dans la fabrication ou la répartition de « spécialités » pharmaceutiques. Lesquelles peuvent s'avérer défectueuses, en dépit de tous les tests obligatoires et les essais cliniques. Ce qui naturellement peut entraîner des dommages et, pour certains graves, parmi les patients. D'ailleurs, la presse se fait parfois l'écho de spécialités retirées du marché avec les impacts que l'on imagine sur l'entreprise ou le laboratoire qui les fabriquent.

Sur cet aspect de la responsabilité personnelle des pharmaciens industriels, le CSP en son article L. 5124-2 est clair :

« Les pharmaciens responsables [...] *Sont personnellement responsables des dispositions ayant trait à leur activité, sans préjudice le cas échéant de la responsabilité solidaire de la société* [...]. »

Il en va d'ailleurs de même des entreprises titulaires des AMM pour les produits puisque le CSP en son article L.5121-8 édicte que :

« *L'accomplissement des formalités prévues au présent article* (on se souvient qu'il s'agit des règles d'obtention des AMM – cf. *supra* paragraphe 7) *n'a pas pour effet d'exonérer le fabricant et, s'il est distinct, le titulaire de l'AMM, de la responsabilité que l'un ou l'autre peuvent encourir dans les conditions du droit commun en raison de la fabrication ou de la mise sur le marché du médicament ou produit* »

Certes pourrait-on dire, mais alors comment déterminer la part respective entre le pharmacien responsable et la responsabilité solidaire de l'entreprise ?

Pendant longtemps, cette question était d'une complexité d'autant plus grande qu'aucun texte n'était venu mettre de l'ordre dans une matière pour l'essentiel jurisprudentielle et de surcroît hautement proliférante. Cette jurisprudence détaillait les responsabilités ordinales pénales et civiles de chacun des protagonistes dans la chaîne de conception et de fabrication du produit avec un luxe raffiné de différences selon que l'on avait affaire à un pharmacien gérant, un responsable de fabrication, un pharmacien adjoint.

Cette situation s'est en partie simplifiée depuis la promulgation de la loi 98-389 du 19 mai 1998, laquelle notons le, n'est rien d'autre que la transposition de la directive du 25 juillet 1985 ; ce qui pourrait déclencher quelques commentaires sur la lenteur excessive avec laquelle la France a fait bénéficier ses malades des règles protectrices européennes. Ce à quoi toutefois la jurisprudence de la Cour de cassation, très favorable aux patients, avait pour grande partie pallié du fait de la prise de conscience grandissante des juges de la réalité des risques de iatrogénie médicamenteuse. Aux termes même de ce texte de 1998, le responsable désormais d'une spécialité pharmaceutique défectueuse est l'entreprise du fait de la **responsabilité des personnes morales**. Ce n'est donc plus au premier chef le pharmacien responsable. Ce qui n'exclut pas qu'il puisse également être mis en cause du fait de son comportement personnel spécifique. Mais quand bien même il le serait, l'entreprise de toutes les façons sera appelée en responsabilité au premier chef.

Cette loi est d'importance puisque désormais, le reste de la chaîne de distribution du médicament, à commencer par l'officinal, voit sa responsabilité annihilée sur cette question précise de spécialités défectueuses.

Si un doute existe sur l'entreprise fabricante, le juge désignera celui qui a effectivement mis le produit sur le marché. Ce qui signifie que le responsable peut être, par exemple, un importateur. Précaution utile à l'heure où l'on importe des génériques fabriqués dans des pays où les règles de sécurité sanitaire ne sont pas aussi draconiennes que les nôtres.

À partir de là, il faut distinguer la responsabilité civile, la plus fréquente, et la responsabilité pénale du fabricant, sachant que l'ordinale vient souvent en sus de la pénale si nécessaire.

Et qu'à l'imitation des mécanismes juridiques étudiés pour les officinaux, responsabilité civile et pénale sont souvent liées car, sans faute ou avec faute, l'article 1382 du code civil obligeant à réparer son dommage joue naturellement comme principe général.

Par ailleurs, fabriquer des médicaments suppose aussi une activité commerciale ou prédomine la notion de contrat. C'est pourquoi nous envisagerons pour conclure la question de la responsabilité contractuelle du fabricant.

B. La responsabilité civile du fabricant de médicaments

Cette responsabilité doit être regardée plus particulièrement en regard des dispositions de la loi du 19 mai 1998 qui a établi le principe de la responsabilité du fait de produits défectueux. Avec deux cas à examiner : une responsabilité sans faute ; une responsabilité avec faute.

1. Responsabilité sans faute

Cette loi fait peser donc la responsabilité civile des produits défectueux sur le fabricant. Le produit est fabriqué en théorie avec les règles de l'art et des bonnes pratiques de laboratoire et munis des AMM nécessaires à leur diffusion. Le fabricant – aux termes même de la loi – « est responsable du dommage causé par un défaut de son produit, qu'il soit ou non lié par un contrat avec la victime, qu'il ait ou non commis une faute ».

Bien évidemment, cette responsabilité serait vaste et écrasante si le législateur avait eu l'audace de renverser la charge de la preuve. C'est-à-dire que ce serait à l'entreprise alors de prouver son innocence. On n'est pas allé jusque-là, et c'est donc à la victime de prouver la réalité du dommage.

Reste qu'avant la loi, les juges s'étaient montrés très en faveur des plaignants, se fondant souvent sur des corrélations de faits ou des présomptions plus que sur des preuves, tant il est vrai que ces preuves sont parfois délicates à établir en pareille matière. On indemnisait donc assez généreusement.

Ce fut la même chose ensuite jusqu'à une série d'arrêt de la Cour de cassation en sa chambre civile datée de 2003 et plus particulièrement l'arrêt Cass civ du 23 septembre 2003 Société laboratoire Glaxo-Smithkline c/ Mme Leroy. Cet arrêt de la Cour de cassation a mis fin aux audaces jurisprudentielles qui avaient précédé en imposant que soit démontré « le lien de causalité entre produit incriminé et dommage ».

C'est un vrai renversement car il faut alors au plaignant prouver le défaut du produit, prouver le dommage, et prouver le lien entre les deux. On mesure bien là la bataille d'experts qui en découlera, laquelle favorise plutôt les entreprises et les moyens de défense qu'elles engagent que les justiciables ordinaires. On verra bien si la Cour maintient cette direction car de nombreux arrêts de cour d'appel depuis sont allés en ce sens. Les juristes attendent donc que ces affaires arrivent devant la chambre civile de la Cour de cassation.

2. Responsabilité civile avec faute

La faute d'un fabricant de spécialité pharmaceutique peut intervenir sur 3 niveaux :

- **Une faute dans la formule même du produit** : par exemple, le médicament a un effet qui n'est pas celui que l'on espérait ou encore on s'est trompé sur la façon de le concevoir dès l'origine. Il est vrai que ce cas peut paraître rare sachant qu'il a des essais cliniques obligatoires et la procédure de l'AMM vous le savez doit évaluer les produits avant délivrance de l'autorisation. Mais rien n'est jamais parfait et des cas surviennent. Il va de soi que cette erreur engagera la responsabilité du fabricant. Parfois l'erreur a un effet amusant et bénéfique comme le Viagra®, à l'origine médicament cardiaque et qui a trouvé d'autres applications... Mais l'erreur peu s'avérer grave pour les malades. Au passage, on ne peut exclure alors une responsabilité pour l'AFSSAPS et donc pour l'État qui se cumulera dans le processus fautif.
- **Une faute de pure fabrication** : on se trouve alors dans le cas où le produit ne répond pas aux spécifications des molécules telles que définies dans l'autorisation. Auquel cas vous pressentez facilement que le pharmacien responsable de fabrication engagera aussi sa propre responsabilité et pas seulement celle de l'entreprise. On est là dans un cas typique de défaut des procédures qualités qui – je vous le rappelle – sont obligatoires et conditionnent vous vous en souvenez l'autorisation de l'établissement pharmaceutique lui-même. Le pharmacien est tenu de vérifier ses formules de par le CSP. Il y a donc là une faute indiscutable qui engage la responsabilité civile de l'entreprise pharmaceutique ; sans doute du pharmacien responsable, voire de ses adjoints lesquels ne peuvent exclure aussi des poursuites ordinales.
- **Une faute dans le conditionnement et la présentation du produit** : c'est là aussi une erreur de procès industriel

qui consiste à prendre un produit pour un autre et à le diffuser. On pressent tout de suite les lourdes conséquences d'une telle bévue pour les malades. C'est aussi le cas quand les notices sont défectueuses, erronées voire oubliées des boîtes. Contrairement à ce que l'on pourrait penser, il existe des cas assez nombreux de ce type ; on n'est pas du tout en présence de cas d'école. Une telle faute engage évidemment la responsabilité civile aussi bien de l'entreprise pharmaceutique que, là aussi, du pharmacien responsable selon les mêmes règles que *supra* ; voire, en cascade, d'autres agents dans la fabrication.

C. La responsabilité contractuelle du fabricant de médicaments

Par ce développement, il s'agit simplement de rappeler que l'industriel qui fabrique des médicaments est tenu de respecter comme tout opérateur sur le champ économique ses obligations contractuelles au sens de l'article 1147 du code civil.

Cet aspect, qui peut sembler assez commercial, fait entrer en ligne de compte et pour l'essentiel le dommage causé par un fabricant qui n'exécute pas ce à quoi il s'était contractuellement engagé. Une fourniture à date fixe par exemple. Ce retard peut entraîner des conséquences pour le co-contractant qui peut alors, le cas échant, demander réparation du dommage causé. En clair, il faut pour établir ceci, un fait qui génère le dommage (ici le retard de livraison), l'inexécution d'une obligation (ici l'engagement de livrer à une date précise) et un lien démontrant que ce retard de livraison a bien occasionné un dommage. Ce serait alors une responsabilité du fait d'une carence de moyens.

Mais la question est plus complexe si, au lieu d'une obligation classiquement commerciale, survient une question d'obligation de résultat dans les effets du produit livré. Il faut bien admettre qu'il peut y avoir grande imprudence de la part d'un laboratoire de s'engager contractuellement à un résultat précis pour son produit. Reste que ceci aura pu être accompli pour des raisons de promotion du produit lié à une concurrence exacerbée par exemple. Mais si tel est le cas, en cas d'absence d'effet escompté et affiché, hors de tout effet indésirable évidement, qui sera responsable ?

Ces questions ont oscillé au gré de jurisprudences successives de la Cour de cassation.

Après avoir repoussé dans un premier temps l'obligation de résultat, la Cour a fini par admettre en 2006 qu'à défaut de résultat, il faut pour le produit une « obligation de sécurité de résultat ». Cette obligation est différente de la « sécurité de résultat » puisque le fabricant doit seulement montrer qu'il a bien accompli toutes les diligences possibles pour obtenir ce résultat en garantissant la sécurité des malades. Cela ressemble à la responsabilité pénale des élus locaux : ils sont bien évidemment responsables dans l'absolu, sauf s'ils ont accompli toutes les diligences qu'il était humainement raisonnable d'entreprendre.

On comprend bien l'enjeu de ces hésitations jurisprudentielles : une jurisprudence par trop libérale aurait pour effet de conduire une cohorte de justiciables au prétoire pour tenter leur chance en indemnité sur dommage ; ceci face à une industrie supposée riche et puissante, et dont le niveau de popularité n'est pas en général favorisé par la presse et les grands medias.

Encore faut-il alors démontrer que c'est bien le produit qui est défectueux et c'est d'autant plus difficile à établir que c'est le plaignant qui a la charge de la preuve. Il faut établir également que le dommage ne résulte pas d'une négligence humaine dans la chaîne de fabrication ; auquel cas on se retournera vers le pharmacien responsable. Voire même, vers la puissance publique car au fond, on peut imaginer rechercher les causes de la négligence dans la délivrance d'une AMM. Et pour l'AFSSAPS, il faudra alors s'appuyer sur les dispositions du code civil qui établit cette garantie selon laquelle l'état des connaissances scientifiques et techniques du moment ne pouvait pas permettre de déceler une défectuosité.

Dans tous les cas de figure, du fait de la loi du 19 mai 1998, le justiciable a intérêt à agir vite car l'action en réparation n'est possible que dans un délai de 3 ans. Sauf faute du fabricant, sa responsabilité s'éteint au bout de 10 ans, même si son produit aura ultérieurement causé des dommages. C'est une garantie qui joue plus pour l'industrie pharmaceutique que pour les justiciables d'ailleurs. Ce qui n'est guère choquant, car pour soigner et innover, il faut aussi prendre des risques. La pharmacovigilance ne peut avoir pour effet d'annihiler toute audace ; faute de quoi cette industrie, déjà hyper encadrée, aurait du mal à promouvoir la nécessaire innovation et recherche que ses activités impliquent

D. La responsabilité pénale du fabricant de médicaments

On n'évoquera ce point que pour mémoire car les infractions industrielles en pharmacie ne diffèrent pas forcément beaucoup des autres infractions commises dans d'autres branches industrielles. Et elles y sont punies comme ailleurs, quand on les établit.

Sachant que notre champ d'étude ne s'exonère naturellement pas de l'article 121-2 du code pénal qui établit la responsabilité pénale de personnes morales, laquelle ne supprime pas celles des individus concernés non plus.

Si on condamne l'entreprise, c'est à une amende pour faits délictueux. Ce qui est indépendant des dommages qu'elle pourra être conduite à réparer vis-à-vis des parties au litige.

Or, notre propos est de développer sur les fautes plus proprement pharmaceutiques.

Il peut s'agir, par exemple, d'ouverture illégale d'établissement pharmaceutique, ou encore de la continuation de la fabrication d'un produit alors que son AMM a été retirée et que les produits continuent à être diffusés.

Il peut s'agir aussi d'une faute grossière de défaut de surveillance, voire de malveillance dans la fabrication du produit. On pressent aisément qu'en pareil cas, des poursuites tant pénales qu'ordinales pourront trouver fondement. Mais alors on se trouve dans un droit personnel s'attachant à la personne des pharmaciens responsables intuitu personnae des délits et crimes qu'ils commettent et non plus à l'entreprise. Auquel cas, on entre dans le droit commun.

Les fautes imputables peuvent se fonder soit directement sur le code pénal pour imprudence, négligence ou manquement à une obligation de prudence ou de sécurité prévue par les textes. Elles peuvent aussi trouver leur fondement sur des manquements aux obligations professionnelles telles qu'elles ressortent du code de la santé publique.

Depuis la loi de 1998 précitée, la jurisprudence est devenue plus hardie sur le caractère délictueux de certaines diffusions hasardeuses de produits. Ainsi, la cour d'appel de Versailles dans son arrêt du 30 avril 2004 contre la société UCB Pharma juge le cas d'un produit dont la presse s'est fait largement l'écho, le distilbène fortement suspecté d'être à l'origine de cancers chez la femme. La cour en effet a souhaité poursuivre UCB Pharma « sur un fondement délictuel » du fait d'une « série de fautes en ne surveillant pas l'efficacité du produit litigieux et ce, nonobstant les avertissements contenus dans la littérature médico-scientifique ».

Conclusion générale

Perspectives pour le monde de la pharmacie

L'avenir du monde de la pharmacie est d'abord marqué par la place du produit, le médicament, et de son impact économique en regard de la profondeur abyssale des déficits qui se creusent de l'assurance-maladie (I.). Il est aussi marqué par la nécessité pour la profession de bien mesurer ce qui est essentiel pour elle et de hiérarchiser des priorités (II.).

I. Quel regard sur le médicament ?

Le médicament, « ce produit pas comme les autres », représente bien plus de 20 milliards d'€ par an, soit 15 % dans l'objectif de dépenses de l'assurance-maladie (ONDAM). Les médicaments représentent le tiers des dépenses de soins de ville. La croissance s'explique essentiellement par le coût particulièrement élevé des nouveaux médicaments mis sur le marché : par exemple, les médicaments dont le prix est supérieur à 15 euros ne représentent que 16 % des unités vendues mais 65 % des dépenses en 2005 contre 49 % en 2000.

Le recours massif au médicament peut être qualifié d'habitude culturelle des Français. Rappelons que 90 % des consultations s'achèvent par une prescription en France contre 72 % en Allemagne et 43 % seulement aux Pays-Bas. La dépense de médicament par habitant est supérieure de 40 % à celle de l'Allemagne et 80 % à celle du Royaume-Uni. Or, ce qu'on appelle l'effet structure avec une hausse tendancielle systématique des prix des spécialités pharmaceutiques est très important en France : de 1997 à 2007, le prix des médicaments a augmenté de + 38 % en € constants ! Plus grave en matière de santé publique, l'abus des antibiotiques dans des situations non justifiées a entraîné une résistance plus forte à ces médicaments, donc limité leur bénéfice. Avec 80 millions de traitements prescrits, la France est le pays d'Europe où l'on consomme le plus d'antibiotiques. L'écart est de 1 à 4 entre les Pays-Bas et la France.

La revue ***Prescrire*** est un magazine indépendant des laboratoires qui présente les nouveaux médicaments. En le lisant, force est de constater que les progrès thérapeutiques significatifs sont rares ces dernières années. Par ailleurs, l'utilité de certains médicaments peut être mise en doute. Par exemple, un rapport de la cour des comptes de 2001 avait noté que parmi les médicaments mis sur le marché entre 1999 et 2000, seuls 5 % d'entre eux apportaient un bénéfice nouveau réel pour les malades. Selon cette revue, entre 1980 et 2000, 1 427 produits nouveaux n'ont rien apporté de nouveau pour les malades. D'où des critiques très fortes sur les médicaments « marketing » dont les coûts de recherche et développement sont honorés par l'assurance-maladie.

Le poids des industriels de la pharmacie avec leur groupe de pression organisé, le LEEM (les entreprises du médicament), est en effet majeur en matière de prescriptions de médicaments, du fait notamment des 24 000 visiteurs médicaux, un chiffre dans la moyenne européenne d'ailleurs, qui vantent directement au cabinet des médecins les vertus de leurs nouveaux produits : ces visiteurs constituent 80 % des dépenses marketing des laboratoires ; leur rémunération à la part variable constitue le tiers de leurs revenus ; leur objectif, selon le vice-président du LEEM, est de « diffuser une information sur les produits pour inciter les médecins à les prescrire ».

Le rapport 382 du Sénat sur le médicament, daté du 8 juin 2006, indique que : « En France, la visite médicale influence considérablement les comportements : on évalue à 30 % l'augmentation du chiffre d'affaires sur un produit dont la promotion ciblée a été assurée auprès des médecins. »

Il ne s'agit pas, pour autant, d'instruire un procès à charge contre l'industrie pharmaceutique. Car au-delà de ces constatations, d'autres points méritent d'être soulignés, lesquels atténuent de beaucoup les reproches sévères portés contre ce secteur d'activité.

D'abord, les coûts de recherche pour le produit nouveau sont très élevés. Dans le monde, on met au point plus de 10 000 nouvelles molécules par an et une seule en moyenne donnera naissance à un nouveau médicament. Lequel devra passer le barrage de l'AMM et les tests ultérieurs sur le SMR avec risque de retrait et de déremboursement.

De plus un médicament met beaucoup de temps à être mis au point car il faut tester les produits à partir de protocoles pharmacologiques et toxicologiques hyperréglementés que ce soit sur l'animal et plus encore sur l'homme. D'ailleurs, les taux de rentabilité de cette industrie sont compris entre 3 et 5 % ce qui n'est pas si fameux dans le capitalisme moderne.

On ajoutera enfin sur ce sujet que la France n'a pas cessé de régresser en poids relatif mondial sur ce domaine industriel. Alors que notre pays était le 1er au monde pour l'innovation pharmaceutique avant 1939 et que nous avons occupé jusque dans les années soixante le second rang pour les innovations thérapeutiques, nous ne figurons même plus aujourd'hui parmi les 5 premiers mondiaux

Les réformes ont été nombreuses pourtant, en particulier celle de 2004, et le ralentissement de la croissance des remboursements semblait enfin au rendez-vous, même si l'État et l'assurance-maladie souhaitent aller plus loin. Quoi qu'il en soit, l'appréciation du haut conseil pour l'avenir de l'assurance-maladie du 25 septembre 2008 est plutôt positive. Le haut conseil considère que les mesures du plan de septembre 2004 préparé par l'UNCAM (union nationale des caisses d'assurance-maladie) a plutôt bien fonctionné. Ce plan comprenait 4 mesures :

- Un développement du marché des génériques.
- Une gestion conventionnelle plus serrée du prix des médicaments brevetés.
- Un déremboursement offensif des spécialités pharmaceutiques à service médical rendu insuffisant.
- Une mise à disposition des contingents plus forte, avec baisse de prix de médicaments sous brevets (exemple : statines).

Ce plan a en partie fonctionné puisque, de 2004 à 2007, on a économisé autour de 3 milliards d'€ soit 5 % du volume des remboursements de médicaments. Mais dès la fin 2007 les dépenses sont reparties à la hausse, avec un rythme toutefois inférieur à celui du passé (+1,1 %).

Plusieurs explications à cela :

- Malgré d'indiscutables efforts, **les génériques n'ont pas encore pris toute la place qu'ils pourraient prendre**. Des stratégies habiles se mettent en place pour contourner les substitutions proposées dans le cadre des référentiels HAS. Les prescriptions hors référentiels restent élevées.

La percée des médicaments génériques est en effet très récente en France, alors qu'elle est réelle depuis longtemps à l'étranger. Malgré cela, les Français ont eu du mal à considérer qu'un médicament générique moins cher pouvait avoir le même effet qu'un autre plus cher parce que son nom et son conditionnement étaient différents.

- Les médicaments qui sont sortis des réserves hospitalières pour être dispensés en officine (44 spécialités depuis 2004) sont des médicaments à prix élevés pour des pathologies complexes la plupart du temps. La facilitation d'accès a accru les dépenses, même s'il faut les compenser par les bénéfices de santé publique d'une meilleure dispensation.
- La gestion de la liste en sus des tarifications hospitalières (GHS/GHM) montre une explosion des dépenses que rien ne ralentit, sauf à rationner, ce que personne ne saurait politiquement assumer. Début 2008, on avait 420 spécialités ou dispositifs intégrés dans cette liste qui ne pèse pas moins de 1,9 milliard d'€ par an, avec des taux de progression de l'ordre de + 15 % l'an ! Ceci, malgré la politique suivie par le gouvernement qui s'est engagé dans une politique visant à mieux maîtriser les prescriptions hospitalières. Le décret n° 2005-1023 du 24 août 2005 oblige chaque établissement de santé à signer un contrat de bon usage avec le directeur de l'ARH (demain celui de l'ARS) et le contreseing du chef du service médical régional de l'assurance-maladie. Tout ceci sous la surveillance d'observatoires régionaux du médicament (OMEDIT) qui rassemblent selon les régions, les « pharmaciens inspecteurs », les « pharmaciens conseils » de l'assurance-maladie, des membres de l'ARH, des médecins et des pharmaciens présidents de la commission du médicament des établissements de santé, ainsi que des représentants de ces mêmes établissements.

- Les déremboursements offensifs pilotés par la HAS ont trouvé leur limite politique. Après des premiers trains de déremboursements non négligeables, la HAS a dû faire face au principe de réalité. Car le gouvernement est obligé de tenir compte des pressions du LEEM. Ainsi, sur les 89 produits que la HAS proposait après son avis scientifique fondé sur le SMR de « dérembourser » complètement en 2006, le ministre de la Santé a choisi en octobre 2006 de diminuer simplement le remboursement passant de 35 à 15 % sur 41 d'entre eux seulement. Et 48 de ces produits, des vasodilatateurs notamment, ont été maintenus. Le ministre de la Santé de l'époque, Xavier Bertrand, eu ce commentaire qui montre bien l'étendue de ces pressions :

« La HAS est dans son rôle quand elle regarde l'appréciation scientifique. Mon rôle, c'est de tenir compte de la réalité sociale. »

On ne saurait être plus clair.

Pourtant, le gouvernement sera contraint de relancer cette politique de SMRI à assez brève échéance, du fait de la poursuite des déficits des régimes de l'assurance-maladie. Les remises en cause de certains remboursements ont déjà commencé en septembre 2009.

La question du médicament démontre la nécessité d'agir **conjointement** sur les comportements des professionnels de santé et des patients. Car ce que nous apprennent les autres pays, c'est la maturité, la capacité à décider les réformes, par consensus, et de les ajuster en fonction des évolutions. Et pas uniquement dans des situations d'urgence fondées sur des raisons financières, mais bien parce que la situation financière anticipée pourrait mettre en péril l'assurance-maladie.

II. Pharmacien, quel métier ?

Le cœur de la légitimité du métier de pharmacien se situe de façon claire dans l'exercice même de **l'analyse pharmaceutique**, c'est-à-dire, outre dans le fait d'exercer effectivement *en personne* la profession, de démontrer que cette analyse est une valeur ajoutée au processus de prise en charge du malade. Cette question est capitale, car si cette démonstration ne peut pas être apportée, le pharmacien n'est qu'un chimiste un peu particulier, qui dispose de par l'Histoire de protections corporatives déterminantes avec un monopole de diffusion qui n'en fait rien de plus qu'un commerçant favorisé.

La profession le sent bien, et c'est bien pour cela par exemple qu'elle cherche avec des politiques comme le récent bilan pharmaceutique, appuyé sur le dossier pharmaceutique, (qui n'a rien d'un dossier médical personnel précisons le, puisqu'il n'est au fond qu'une collection organisée de documents passifs reliés à une dispensation) à asseoir sa légitimité.

Le paradoxe est que l'avenir de la pharmacie et des pharmaciens n'est probablement pas à l'officine, ou pour être plus précis, pas seulement et pas principalement. Or, pour autant, ce sont les pharmaciens d'officine qui gouvernent le groupe de pression professionnel avec comme priorité le maintien du mode d'exercice officinal.

Pourtant, c'est la pharmacie industrielle qui mène le bal, avec ses 95 % de médicaments dispensés. Les officinaux n'apparaissent pour beaucoup que comme un réseau de distribution particulier. Ce qui revient à dire que la spécificité du métier de pharmacien d'officine se nourrit d'abord de la spécificité du produit qu'elle diffuse, et non pas seulement de son mode d'exercice. Même si celui-ci, notamment dans le conseil pharmaceutique personnalisé au malade n'est pas à négliger.

Tout ceci, pour aboutir au fait que, ce qui semble compter pour l'officine, ce n'est pas d'avoir un système propriétaire, mais d'avoir un système scientifique pharmaceutique de dispensation, et non pas un seul système commercial de diffusion des produits médicamenteux. Cette approche renforce le paradoxe car, admettre cela, c'est admettre que le débat sur le système propriétaire ne pourra que rebondir. Car l'avenir du métier de pharmacien ne saurait se réduire à l'avenir d'un système de dispensation.

Le cœur d'une légitimité provient aussi de sa capacité à innover, que ce soit dans un objectif désintéressé de santé publique ou de performance économique industrielle, plutôt qu'à son habilité à conserver. Et de ce point de vue, c'est la pharmacie industrielle, et surtout hospitalière, qui prennent le pas et qui apportent des solutions nouvelles.

La mise au point de produits pour les malades les plus lourds se joue autant dans les laboratoires industriels que dans les essais cliniques dans les établissements de soins où chacun comprend que les pharmaciens hospitaliers prennent une part déterminante. Dans le passé, la légitimité des apothicaires n'était pas seulement celle de vendre drogues et épices, elle était aussi d'inventer de nouvelles solutions et de nouveaux produits.

C'est pourquoi le métier de pharmacien d'officine, dès lors qu'il ne joue plus sur cette capacité à innover, ne pourra se fonder, en sus des observations précitées et qui apparaissent majeures, que sur une valeur ajoutée en **termes de réseau de santé publique**. On songe d'évidence à la place plus forte encore que les pharmaciens pourront prendre en matière de politique de prévention. Le retard en ce domaine dans notre pays est si flagrant que les nouvelles ARS de la loi du 21 juillet 2009 ne pourront qu'y donner une priorité. Et force est de constater qu'avec près de 23 000 officines, les pharmaciens semblent disposer d'un indéniable atout pour s'y investir, et que cet effet réseau n'est pas sans avenir.

Bibliographie sommaire

Code la santé publique, Dalloz, 2008.

Antoine Leca, *Précis élémentaire de droit pharmaceutique*, 3e édition 2006.

Hervé Dion, *Droit pharmaceutique*, Gualino, coll. « Master Pro », 2008.

Marie-Thérèse Hermange et Anne-Marie Payet, *Médicament, restaurer la confiance*, rapport du Sénat, Commission des affaires sociales, n° 382, 2006.

Alain Vasselle, *Prévenir les infections nosocomiales par l'amélioration de l'hygiène et de la qualité à l'hôpital*, Rapport de l'office parlementaire d'évaluation des politiques de santé, n° 3188 AN et n° 421 Sénat, 2006.

Avis sur le médicament du Haut conseil pour l'avenir de l'assurance-maladie (HCAAM) sur le médicament en France, 2008.

Didier Tabuteau, François Bourdillon et Gilles Brücker, *Traité de santé publique*, Flammarion, 2004.

En outre, on conseillera la lecture de la revue éditée par l'ordre des pharmaciens, *Les Informations pharmaceutiques*, ainsi que le site Internet de cet ordre : www.ordre.pharmacien.fr.

Table des matières

Introduction 5

Chapitre 1 – Un peu d'histoire de la pharmacie 9

I. Brève histoire de la pharmacie d'officine 10

A. Des origines à la période moderne 10

B. L'avenir des pharmacies d'officine 17

II. Brève histoire de la pharmacie industrielle et du médicament 20

A. Instances spécifiques et autorisations de mise sur le marché (AMM) 22

B. Propriété industrielle et protection des marques 24

Chapitre 2 – Quelques repères juridiques pour mieux comprendre 27

I. Le code de la santé publique 28

A. Quelques notions juridiques essentielles de droit interne 29

B. Le contenu du code de la santé publique de façon générale 35

C. Les dispositions du code plus proprement dédiées à la pharmacie 40

II. Les autres données juridiques pour mieux appréhender le droit pharmaceutique 42
A. Le droit pharmaceutique est d'inspiration européenne 42
B. Le droit pharmaceutique est une construction jurisprudentielle 44

Chapitre 3 – Les pharmaciens 47
I. La profession de pharmacien 47
A. Les conditions pour devenir pharmacien 47
B. Les différents métiers de pharmaciens 49

II. Les formes d'exercice de la pharmacie 52
A. L'exercice officinal individuel 52
B. L'exercice officinal collectif 53
C. La remise en cause du « système propriétaire » des pharmacies d'officine 54
D. L'exercice salarié de la pharmacie 61

Chapitre 4 – Les instances de régulation propres à la pharmacie 65
I. L'Ordre national des pharmaciens 65
A. Généralités sur le fonctionnement de l'ordre national des pharmaciens 66
B. Le rôle de l'ordre national des pharmaciens 67
C. Les règles du code de déontologie des pharmaciens 69
D. La sanction des règles du code de déontologie 72

II. Autres institutions de régulation de la pharmacie 73
A. L'inspection de la pharmacie 73
B. L'Agence française de sécurité sanitaire des produits de santé (AFSSAPS) 76
1. Fonctionnement de l'AFSSAPS 77
2. Missions et moyens de l'AFSSAPS 78

Chapitre 5 – Droit des autorisations de création, de transfert ou de concentration des structures pharmaceutiques ... 81

I. Définitions juridiques ... 82

A. L'officine ... 82

B. Les laboratoires de biologie médicale (LABM) ... 83

C. Les établissements pharmaceutiques ... 83

II. Autorisations des officines de pharmacie et conséquences juridiques dérivées ... 84

A. Les autorisations pour créer, transférer ou regrouper les officines ... 85

1. La création d'une officine de pharmacie ... 86
2. Les transferts d'officines de pharmacie ... 90
3. Les regroupements d'officines de pharmacie ... 91

B. Autorisations pour la création, modification ou transfert d'autorisations d'entreprises ou établissements pharmaceutiques de fabrication et répartition ... 93

1. Procédure d'autorisation ... 93
2. Quelques données statistiques ... 95

C. Création des laboratoires d'analyses de biologie médicale ... 96

1. Procédure d'autorisation ... 97
2. Le droit européen pourrait contraindre à changer les règles ... 98

Chapitre 6 – Les différents types de médicaments et la pharmacopée ... 101

I. Définition du médicament et types de médicaments ... 102

A. Définitions communes du médicament ... 102

1. Typologie juridiques des médicaments ... 103
2. Classification des médicaments ... 104

B. Les spécialités pharmaceutiques et les génériques..........106
1. Spécialité pharmaceutique 106
2. Les médicaments génériques 106
C. Les différents autres types de médicaments...................108
1. La préparation magistrale 108
2. La préparation officinale 109
3. Le produit officinal divisé (POD) 110
4. Le médicament traditionnel à base de plantes 110
5. La préparation hospitalière 111
6. Les préparations de thérapie génique
et les préparations de thérapie cellulaire xénogénique...112
7. Le médicament radiopharmaceutique 113
8. Le médicament homéopathique 114

II. Les pharmacopées française et européenne................ 115
A. Définition des pharmacopées... 115
B. La constitution des pharmacopées................................ 117

Chapitre 7 – Autorisation de mise sur le marché (AMM) et procédures liées aux médicaments.........121

I. Le médicament et son régime d'autorisation,
rappel historique...122

II. La procédure d'autorisation de mise
sur le marché (AMM)...124
A. L'AMM, définition juridique 124
B. Autoriser la mise sur le marché du médicament
via la procédure nationale...126
C. Autoriser la mise sur le marché du médicament
via les procédures européennes......................................128
1. La procédure « centralisée » 128
2. La procédure de « reconnaissance mutuelle »
et la procédure « décentralisée » 129

D. Les procédures dérogatoires nationales et européennes 132

III. Évaluer le service médical rendu par le médicament 134

A. Fixer le prix du médicament qui servira de base au remboursement par l'assurance-maladie........ 135

B. Fixer le taux de remboursement du médicament........ 136

C. Inscrire le médicament sur la liste *ad hoc* publiée au JO par arrêté 136

Chapitre 8 – Les autres activités pharmaceutiques : pharmacies mutualistes et de secours minier, pharmacies à usage intérieur (PUI) et pharmacie vétérinaire........ 137

I. Les pharmacies mutualistes et de secours minier........ 138

A. Les pharmacies mutualistes 139

B. Les pharmacies du régime des mines........ 141

II. Les pharmacies à usage intérieur (PUI)........ 142

A. Définition juridique d'une PUI et missions 143

1. Définition juridique d'une PUI 143

2. Les missions des PUI........ 144

B. Implantation et moyens........ 146

C. La question de la rétrocession de médicaments 149

III. La pharmacie vétérinaire........ 151

A. Le médicament vétérinaire 152

B. Institutions spécifiques : AFSSA et ANMV 154

Chapitre 9 – La responsabilité des pharmaciens : officine et industrie........ 157

I. La responsabilité professionnelle de l'officinal........ 158

A. Responsabilité de l'officinal vis-à-vis de l'ordre des pharmaciens 158

B. La responsabilité de l'officinal vis-à-vis des caisses d'assurance-maladie 159
C. La responsabilité de l'officinal vis-à-vis de sa clientèle 160

II. La responsabilité pénale de l'officinal 161
A. Les fautes sans caractéristique pharmaceutique 162
B. Les fautes avec spécificité pharmaceutique 162
C. Les sanctions les plus graves 163

III. La responsabilité civile de l'officinal dans la dispensation 163
A. Responsabilité civile liée à une erreur sur le produit dispensé 164
B. Responsabilité civile liée à une absence d'analyse pharmacologique 164
C. Cas particulier de la dispensation des génériques 165

IV. La responsabilité civile et pénale des pharmaciens industriels et répartiteurs 166
A. Propos généraux liminaires sur la responsabilité 167
B. La responsabilité civile du fabricant de médicaments 169
1. Responsabilité sans faute 169
2. Responsabilité civile avec faute 171
C. La responsabilité contractuelle du fabricant de médicaments 172
D. La responsabilité pénale du fabricant de médicaments 174

Conclusion générale – Perspectives pour le monde de la pharmacie 177

Bibliographie sommaire 185

CPI
AUBIN IMPRIMEUR
Aubin Imprimeur
LIGUGÉ

Achevé d'imprimer en février 2010
Dépôt légal février 2010/ N° d'impression L 73587
Imprimé en France